Seadove

Seadove

變通

就是換一個角度看問題

做事不能太老實

李浩然　著

隨機應變，是聰明的行動者的處世法則！

聰明的人總是讓自己從陳舊的觀念裡走出來，
他們深知變通的力量，改變既定的規則去實現自我突破，創造偉大的成功！

世界經濟論壇《未來工作趨勢報告》：

變通能力，是十大必備的未來工作技能，更是「永遠無法被取代的」職場技能！

前言：變通，讓生活有更多的可能！

傳說古時候，有一個國王，長得十分醜陋。他一隻眼睛瞎了，一條腿還瘸著。然而，就這樣的一個國王，有一天，竟然召集全國的畫師來為他畫像，並且發話說：誰畫得令他滿意有賞，不滿意的就要被殺頭。

這中間有一個畫師想：「國王的威嚴誰敢冒犯！儘管國王長相醜陋，我還是給他畫張漂亮的吧！」於是，他畫了一張畫像呈獻給國王。畫上的國王不瞎不瘸不醜，威嚴無比。誰知國王一看勃然大怒道：「善於弄虛作假、阿諛奉承的人，一定是有野心的小人，留著何益，拉出去斬首！」這個畫師被殺了。

這時，第二個畫師想：「既然畫虛假的畫像國王惱怒，我就給他如實的畫像吧！」第二個畫師又畫了一張畫像呈獻給國王，只見畫像上的國王瞎著一隻眼，瘸著一條腿，又老又醜，沒一點一國之主的威嚴形象。

國王一看怒火中燒，大喝道：「竟敢醜化國王，冒犯天威，此等狂妄之徒，留之何益，拉出去斬首！」第二個畫師也被殺了。

畫師們見此情景，個個嚇得魂不附體，哪個還敢冒險為國王畫像？但如果不畫肯定是不行的，照樣會被殺頭的，正在眾畫師為難之時，人叢中閃出一個來，他雙手呈上一幅畫像給國王。國王一看這幅畫像，不禁連連稱讚，讚不絕口，並將畫像賜給群臣觀賞。

這是一幅國王狩獵圖。只見國王一條腿站在地上，一條腿蹬在一樹墩上，睜著一隻眼，閉著一隻眼，正在舉槍瞄準。這幅畫，真是太妙了，百官驚歎不已，畫師們更是嘖嘖連聲，自嘆弗如。於是，國王賜給這個畫師千兩黃金作為獎賞。

有時候，你會面對意想不到的狀況。隨機應變，是聰明的行動者的處世法則。你過去的生活仍在今天延續，儘管你對許多事物抱怨不已，祈求著，期盼著：落後於時代的廢物應該拋棄，我們的生活應該變得更美好。可是與此同時，你卻又懶得動一動腦，懶得變一變，依然被習慣的力量帶進昨天。如果希望改變自己的命運，擁有真正的成功，就應該為此付出努力。

你可以是一隻驢子，也可以是騎驢子的人，把自己變得更有創造力，更懂得求新求變，這樣不僅為你的生命增加了歲月，也為你的歲月增加了生命。

目錄

就是換一個
角度看問題

變通

就是換一個角度看問題

變通

FLEXIBLE-OFTENTIME

創新才有出路

生活永遠不會是平靜的湖水。風浪、波濤、暗礁、險途與生活同在，懷疑、彷徨、埋怨、頹廢讓年華虛度，唯有創造，生活才有真正的價值。

許多時候，成功的要素也就是一點「不按牌理出牌」的驚奇罷了。你覺得呢？你細想清楚，如果情況許可，不妨改變自己的思維方式，加上一些特殊的成分，像是樂觀、熱心、禮貌和積極的想法。你的創新很可能出乎競爭對手的意料之外，讓你擁有更多的勝算。

人們為了取得對尚未認識的事物的認識，總要探索前人沒有運用過的思維方法，尋求沒有先例的辦法和措施去分析認識事物，從事獲得新的認識和方法，進而鍛鍊和提高人的認識能力。在實踐過程中，運用創新性思維，提出的一個又一個新的觀念，形成的一種又一種新的理論，做出的一次又一次新的發明和創造，都將不斷地增加人類的知識總量，豐富人類的知識寶庫，使人類去認識越來越多的事物，為人類實現由「必然王國」向「自由王國」和「幸福樂園」的飛躍創造條件。人的可貴之處在於創造性的思維。一個有所作為的人只有透過有所創造，為人類做出了自己的貢獻，才體會到人生的真正價值和真正幸福。創新思維在實踐中的成功，更可以使人享受到人生的最大幸福，並激勵人們以更大的熱情去繼續從事創造性實踐，為我們的事業做出更大的貢獻，實現人生的更大價值。

世界上因為創新而獲成功的人簡直就是不勝枚舉。

法國化妝品製造師伊夫・洛列是靠經營花卉發家的，他在一次新聞發表會上感觸頗深地說道：「能有今天，我當然不會忘記卡內基先生，他的課程教給了我一個司空見慣的秘訣，而這個秘訣我儘管經常與它擦肩而過，但過去卻未能予以足夠的重視，也沒有把它當作一回事來對待。現在我卻要說，創新的確是一種美麗的奇跡。」

伊夫・洛列一九六〇年開始生產化妝品，到一九八五年，他已經擁有九六〇家分號，各個企業在全世界星羅棋布。

伊夫・洛列生意興旺，財源茂盛，摘取了化妝品和護膚品的桂冠。他的企業是唯一使法國最大的化妝品公司「勞雷阿爾」惶惶不可終日的競爭對手。

這一切成就，伊夫・洛列是悄無聲息地取得的，在發展階段幾乎未曾引起競爭者的警覺。

他的成功有賴於他的創新精神。

一九五八年，伊夫·洛列從一位年邁女醫師那裡得到了一種專治痔瘡的特效藥膏秘方。這個秘方令他產生了濃厚的興趣，於是他根據這個藥方，研製出一種植物香脂，並開始挨門挨戶地去推銷這種產品。

有一天，洛列靈機一動，何不在雜誌上刊登一則商品廣告呢？如果在廣告上附上郵購優惠單，說不定會有效地促銷產品。

這個大膽嘗試讓洛列獲得了意想不到的成功，當他的朋友還在為巨額廣告投資惴惴不安時，他的產品卻開始在巴黎暢銷起來，原以為會泥牛入海的廣告費用與其獲得利潤相比，顯得輕如鴻毛。

當時，人們認為用植物和花卉製造的化妝品毫無前途，幾乎沒有人願意在這方面投入資金，而洛列去反其道而行之，對此產生了一種奇特的迷戀之情。

一九六〇年，洛列開始小量地生產美容霜，他獨創的郵購銷售方式又讓他獲得巨大成功。在極短的時間內，洛列透過這種銷售方式，順利地推銷了七十多萬瓶化妝品。

如果說用植物製造化妝品是洛列的一種嘗試，採用郵購的銷售方式，則是他的一種創舉。

時至今日，郵購商品已不足為奇了，但在當時，這卻是行之所未行。

一九六九年，洛列創辦了他的第一家工廠，並在巴黎的奧斯曼大街開設了他的第一家商店，開始大量生產和銷售化妝品。

伊夫·洛列對他的職員說：「我們的每一位女顧客都是皇后，她們應該獲得像皇后那樣的服務。」

為了達到這個宗旨，他打破銷售學的一切常規，採用了郵購化妝品的方式。公司收到郵購單後，幾天之內即把商品郵寄給買主，同時贈送一件禮品和一封建議信，並附帶製造商和藹可親的笑容。郵購幾乎占了洛列全部營業額的五〇%。

洛列式郵購手續簡單，顧客只需寄上地址便可加入「洛列美容俱樂部」，並很快收到樣品、價格表和使用說明書。這種經營方式對那些工作繁忙或離商業區較遠的婦女來說無疑是非常理想的。如今，透過郵購方式從洛列俱樂部獲取口紅、描眉膏、唇膏、沐浴香皂和美容護膚霜的婦女已達六億人次。

這種優質服務給公司帶來了豐碩成果。公司每年寄出郵包達九百萬件，相當於每天有三～五萬件。一九八五年，公司的銷售額和利潤增長了三〇%，營業額超過了二十五億，國外的銷額超過了法國境內的銷售額。如今，伊夫·洛列已經擁有四百餘種美容系列產品和八百萬名忠實的女顧客。

伊夫・洛列經過辛勤的勞動和艱苦的思考，找到了走向成功的突破口和契機。化妝品市場競爭的激烈程度令人觸目驚心，如果亦步亦趨，墨守陳規，那肯定只能成為落伍者。他設計出與強大的競爭對手完全不同的產品——植物花卉美容化妝品，使化妝用品大眾化，滿足眾多顧客的需要，所以他把競爭對手遠遠地拋在了後面。又別出心裁，另尋蹊徑，打破傳統的銷售方式，採用全新的銷售方式——郵購，贏得了為數眾多的固定顧客，進而為不斷擴大生產打下了堅實基礎。

創意，是經營者通向富有的捷徑，企業家的高低優劣之分也往往因此而產生。

求新、求活、求變

在人類的百科辭典裡，最醒目的字眼便是「創造」，內涵最豐富的詞語也是「創造」。人類社會的歷史就是一部激動人心的創造史。

創造通俗一點來講就是做事要靈活，不能太呆板，太老實。

假如你是一個公司經營者，想要把自己的公司做大，當然不能離開創新思維，因為現代，各個公司的發展都把創新放到了第一位，如果缺少創新思維，公司將會很快衰敗。**面對競爭激烈的社會，一個人如果缺少創新思維，他註定平庸，永遠成不了大事。**所以，現今各個企業的成大事者，都十分注重自己與公司的創新突破能力。

創新思維是一個十分重要的能力，對個人與公司都一樣，以下僅以克雷研究公司為例，看看創新思維是如何促進它發展的。

克雷研究公司，創建於一九七二年，從事超級電腦的設計製造和服務工作，是美國當今最年輕、最成功的高科技企業。從一九七九年到一九八四年，克雷公司發展速度相當驚人；營業額由一千萬美元上升到近三千萬美元；利潤由一百萬美元上升到四百五十萬美元。它的最大型電腦，每鈔鐘可運算十億次，對推動核子物理、石油探測、氣象預報、飛機設計、武器研究等現代科學技術的發展都產生了極大的推動作用。

克雷研究公司可以說是企業界研究與創新的楷模。它的基本策略就是——不斷地研究新專案，新技術，開發新產品，更新速度快得連自已公司前不久推出的新產品也受到挑戰與壓力。克雷的客戶大都是科技權威、政府官員、研究機構或大學的專家。公司只有不斷創新，研製出前所未有的電腦設備才能吸引住客戶，贏得市場。當然，克雷的創新不僅限於技術。

公司創始人席莫爾・克雷創造了一套適應於高科技企業的組織觀念，盡力避免一般公司容易產生的官僚體制。施行技術、業績為主導的晉升制度、強調公司的整體利益，激發員工的創造力。所以，克雷公司是一個充滿了機會的地方，任何有能力有才華的人只要努力，都有令人羨慕的光明前途。在此，讓我們看一看克雷公司是如何闖出一番事業的。

大多數美國人都十分讚賞超級電腦的高技術含量及複雜的功能，這使他們很受刺激。就連美國國家安全總署也經常以克雷超級電腦的照片，來吸引剛畢業的電腦專業學生加入。有好幾部科幻電影甚至將超級電腦描述成開啟未來世界的鑰匙和核災難的罪魁禍首。儘管超級電腦如此風行，但是在市場上獨領風騷的，卻不是ＩＢＭ公司。雖然這個電腦有兩次進軍計畫：一次是五〇年代的「超級擴張計畫；」一次是六〇年代的「九〇計畫」，但都因故半途而廢。控制諮詢公司曾經是超級電腦的佼佼者，但是超級電腦市場前景有限，也將重心轉移到商用電腦上去了。根據市場調查顯示，除一些科研機構及專家外，很少有普通用戶需要這種過於精密的電腦。然而，克雷研究公司卻及時瞄準了這個無人問津的領域。在短短的幾年裡，克雷公司異軍突起，幾乎鯨吞了這個被人們所忽略掉的市場。

克雷公司的成大事者認為：要立足於高科技市場，首先必須有技術上的創新。早在創辦克雷公司以前，席莫爾・克雷就以技術創新聞名。史伯蘭公司的（龍尼瓦克1103型）電腦，就是他一手完成的。後來在控制公司時，他是（CDC-1604）主機的主要設計人，首次以電晶體代替真空管。繼而，他又研製了（CDC-60型），第一部使用鍺電晶體的電腦。再後，則是（CEX-28600型），世界第一部超級電腦。席莫爾・克雷是科技天才，他至少研製了三代電腦。然而，他非常自謙地說：他不是一個發明家，只不過是在現有的東西裡加了點包裝罷了。克雷的技術創新之源是些十分簡單普通的基本原理，他的靈感甚至源於普通的常識。

每秒鐘運算數億次的精密超級電腦技術所面臨的最大難題，是如何控制高速運行時產生的高熱，以避免影響精細零部件的靈敏度。許多優秀科學家耗盡終身精力研製相應的冷卻系統。而克雷二號超級電腦設計卻運用了最普通的常識：把電腦放入裝滿冷卻劑的冰箱裡。電腦的線路短表示電路短，運算時間可以縮短。因此，克雷僅以改動電路設計長度，就提高了電腦運算速度。因而，當人們一旦得知克雷的有些「尖端設計技術」時，往往都會十分驚訝，因為他的靈感竟來自於那些人所共知的常識。

克雷公司為什麼始終都能充滿活力與創新精神呢？這都得益於它的組織觀念使儘管公司發展得很快，在十多年的時間裡，就研製出了超級電腦，建立了三個工廠，擁有二千多名員工。但是，克雷認為，在高科技這個領域裡，不適宜採用一般的公司的那種龐大的嚴密的組織。因為組織一旦過於龐大，就不可避免地帶來官僚作風等一連串管理上的問題，就有可能扼殺公司的活力。只有靈活的小組協同工作的形式，才最能夠激發員工的創造力。

所以，在發展過程中，克雷注意經常調整下屬單薄的規模，維持小公司的編制，以五～六人組成的研究小組，來作為承擔研究工作的單位。更為重要的是，公司對各研究小組既不發布什麼準則，也不規定繁雜的制度。由研究人員盡情的發揮。這一點顯示了公司對員工的信任，也顯示對員工能力與才華的尊重。公司是對透過強調組織目標和價值觀念來實現控制的。

這些價值觀念包括：以追求卓越的高科技成果為己任、反對大型組織中的官僚作風、尊敬每個人對公司的貢獻、不斷瞭解客戶需要等。此外，克雷極其重視內部競爭機制，不同小組的專家，經常以全然不同的方法，嘗試解決相同的問題。克雷經常把資金同時投在兩個設計師身上，讓他們彼此競爭，以製造出最好的電腦。克雷的第二代超級電腦，克雷（X-MP）和克雷二號，就是由兩個完全不相同的小組研製的。這兩個型號的產品雖然各有特點，但都憑藉卓越的性能受到客戶歡迎。像克雷研究公司這樣的高科技公司，照理應處處以科技唯上。但其實不然，克雷把它的員工看得更重。它禮待專業人才，鼓勵個人成就，重視創造力的自由發揮，這和那些以重金聘請專家卻又不能給其充分發展自由空間的公司相比，實質是有天壤之別。

克雷強調：公司要挽留的人才，不是那些成天想爭高薪的人，而是真正願意留下來一起奮鬥的優秀人才，並且認為：**只有不斷挑戰，對自己的認同和工作樂趣，才是留住人才的主要因素。至於金錢獎勵或合約限期，都無法左右真正人才。**

總之，一個人如果想要成功，光學別人的成功經驗是遠遠不夠的，還要學會創造，只有這樣才能成為事業的開拓者。

打破常規思維

歷史上的一切變革，都是對常規的突破，而對常規的現實突破，首先是從對思維常規的突破開始的。

所謂常規，就是人們解決社會或思維矛盾的現成規則。一般說來，一種常規的確立，往往是在特定歷史條件下解決社會矛盾或思維矛盾成功的結果。它的成功，在當時為人們提供了新的思維規則和現成的經驗。於是這種規則就為人們大膽效仿。久而久之，人們便習慣於這種思維規則，並且把這種規則在觀念和實踐中規範化，這樣便形成常規。後來社會變革，便首先是對這種常規的突破。

卡里和斯泰因曾經打賭，卡里說：「我如果送給你一個鳥籠，並且掛在你的房中最顯眼的地方，我保證你就會去買一隻鳥回來。」

斯泰因笑了起來，說：「養一隻鳥是多麻煩的事情啊，我相信我不會去做這樣的傻事的。」於是，卡里就去買了一個鳥籠，並且是一個非常漂亮的鳥籠，讓斯泰因掛在自己房中最顯眼的地方。果然沒過幾天，只要有人一走進斯泰因的房間，就會忍不住問他：「斯泰因，你的鳥什麼時候死的，為什麼死了啊？」

斯泰因回答道：「我從來都沒有養過鳥。」

「那麼，你要一個鳥籠做什麼啊？況且是如此漂亮的鳥籠。」

人們奇怪地看著他，就好像斯泰因有什麼問題似的，看得斯泰因自己都覺得自己好像有什麼問題了。就這樣，一個人這麼說，再來一個人還這麼說，斯泰因終於改變了。

斯泰因最後還是去買了一隻鳥，把牠放在那個漂亮的鳥籠裡，因為他知道，這樣要比無休止地向大家解釋要簡單得多。

你是否想到斯泰因是多麼的懊喪？但是這種被別人用思維推理誤解的事情，我們或許都會遇到。原因很簡單，人們一直處在一個習慣思維裡，在自己的大腦裡根本就沒有進行邏輯思維的動力，這也是為什麼在生活中有那麼多一意孤行、頑固不化而導致失敗的人的原因。由此可見，在生活中培養自己在遇到問題時進行邏輯思考的習慣，對我們的生活和事業是多麼重要。

斯泰因的常規思維被改變了，他認為養一隻鳥是很麻煩的事情，但是因為周圍的環境和人們的影響，他的常規被打破了。每個人的常規思維都會隨著社會生活的變化而變化，一輩子不改變自己的人就不能適應這個社會。

成功的實踐往往是對傳統思維常規的突破，同時，指導實踐成功的思維規則就又成了後人思維的新規範。歷史的進步就是在不斷地對自身否定中實現的。在這個進程中，敢於率先向常規挑戰的人，往往會較早地得到歷史的垂青，同樣的，一味墨守成規，循規蹈矩的人往往會為歷史所拋棄。

近代史上的兩次世界大戰中的一些將帥的興衰便是明證。

第一次世界大戰中，出現不少傑出的軍事將領，面對他們的赫赫戰績，誰又能懷疑他們的前途呢？然而，僅過了二十年，到第二次世界大戰期間，這些將軍在全新的作戰方式面前，卻束手無策，其中有的竟在敵軍面前舉手投降，拱手讓出本國的權力和國土。典型的是以法國的貝當元帥為首的那批將領。第一次世界大戰，貝當元帥曾指揮過著名的凡爾登大戰，稱得上這次戰爭中叱吒風雲的人物。然而在第二次世界大戰中，他卻無法指揮這場全新的戰爭，於是希特勒軍隊的鐵蹄一踏入法國領土，他便與他手下的一些將軍們一起背叛了法蘭西民族。

拯救法國的是貝當的學生即後來的法蘭西第五共和國總統戴高樂。戴高樂在軍事學院讀書時就預見到未來戰爭將採用全新的作戰方式和作戰武器，進而會出現與第一次世界大戰完全不同的作戰理論。

他在《未來的軍隊》一書中預言，未來的戰爭將是裝甲部隊橫行的機械化戰爭，並且提出以裝甲集團軍配合空軍為主要作戰形式的大縱深軍事思想。由於戴高樂較早地衝出第一次世界大戰時確立的軍事思維常規，加上他過人的勇敢和堅毅，使他在第二次歐洲軍事大較量中能夠力挽狂瀾，為法蘭西民族贏得了榮譽。

美國著名的巴頓將軍也有類似的經歷。在一九三八年他當騎兵團長時，曾把騎兵組編成機槍預備隊，演習時命令他們從頭至尾步行。他設計著未來戰爭中某些特定戰役的情形。在當時，美軍還死抱著「神聖騎兵」的信條，不少人稱巴頓的演習是「荒唐的演習」，甚至有人攻擊巴頓是瘋子，是「騎兵的叛逆」。

對此，巴頓不予理睬，他對他的參謀人員說：「不管那些老頑固對未來戰爭中乘馬騎兵的前途如何高談闊論，我還是要對你們說，當戰爭來臨時，在美國軍隊中是不會有幾匹馬的。」不久爆發的戰爭證實了巴頓的預言，而那些墨守成規的老將們則受到轟轟的坦克群和飛機群的無情嘲諷。具有變革型思維的人，總是首先為歷史推舉到新時代的前沿。

由此我們可以看出，創造力旺盛的人是生活的強者，創造力旺盛的民族是世界的強者。任何個人、公司、地區、民族、國家、要變弱為強，都要振奮創造的精神。

變通

隨著時代的不斷發展，我們國家的很多規則都需要改變，過去的常規都需打破，這些都需要我們的思維發生變革。思考問題不能夠再按照過去的模式和規則進行了，社會生活的發展變化要求我們必須運用變革思維，在變化與創新中適應新生活。

換一個角度思考

為了創造，直走不通，不妨繞個彎；前進不得，亦可暫退一步，勝利在於堅持之中。

在現實生活中，有很多影響人們生活的深度思維方式，深度思維是對事物的深層認識和理解，是成功者必備的條件。我們也不難發現，有很多成功人士都有一個善於思考的頭腦，有時候，我們甚至會感覺他們的思維不可思議，正是這些看似不可思議的思維，造就了一個又一個非凡的成就。

在現實生活中，當人們解決問題時常會遇到瓶頸，這是由於人們只在同一角度停留造成的。如果能改變自己的思維方式。情況就會改觀，創意就會變得有彈性。記住，任何思想只要能轉換視角，就會有新的創意產生。

假如一個人有一〇〇％的機會贏八十塊錢，而另一個人的可能性是有八五％的機會贏一百塊錢，但是有一五％的機會什麼都不贏。在這種情況下，這個人會選擇最保險安穩的方式選擇八十塊錢而不願冒一點險去贏那一百塊錢。可是如果換令一方面來設定這個問題，一個人有一〇〇％的機會輸掉八十塊錢，另外一個可能性是有八五％的機會輸掉一百塊錢，但是也有一五％的機會什麼都不輸。這個時候，人們都會選擇後者，賭一下，說不定什麼都不輸。

這個例子使我們明白，平時人們之所以不能創新，或不敢創新，常常是因為我們從慣性思維出發，以至顧慮重重，畏手畏腳。而一旦把同一問題換一個角度來思考，就會發現很多新的機會，新的成功。

愛因斯坦說：「把一個舊問題從新的角度來看需要創意的想像力，這成就了科學上真正的進步。」許多最有創意的解決方法都是來自於換一個角度想問題，甚至於最尖端的科學發明也是如此。

著名的化學家羅勃・梭特曼發現了帶離子的糖分子對離子進入人體是很重要的。他想了很多方法來證明，都沒有成功，直到有一天，他突然想起不從無機化學的觀點，而從有機化學的觀點來看這個問題，才得以成功。

同樣的對於生活在現實社會中的普通人，如果能換一個角度想問題，有時所取得的成效也不亞於科學家們的新發明。

麥克是一家公司的高級主管，他面臨一個兩難的境地。一方面，他非常喜歡自己的工作，也很喜歡跟隨工作而來的豐厚薪水。他的職位使他的薪水只增不減。但是，另一方面，他非常討厭他的上司，經過多年的忍受，他發覺已經到了忍無可忍的地步了。在經過慎重思考之後，他決定去獵頭公司重新謀一個別的公司高級主管的職位。獵頭公司告訴他，以他的條件，再找一個類似的職位不難。

回到家中，麥克把這一切告訴他的妻子。他的妻子是一個教師，那天剛剛教學生如何重新界定問題，也就是把正在面對的問題換一個角度考慮，把正在面對的問題完全顛倒過來看——不僅要跟你以往看這問題的角度不同，也要和其他人看這問題的角度不同。她把上課的內容講給了麥克聽，麥克也是高智商的人，他聽了妻子的話以後，一個大膽的創意在他腦中浮現了。

第二天，他又來到獵頭公司，這次他是請公司替他的上司找工作。不久，他的上司接到了獵頭公司打來的電話，請他去別的公司高就，儘管他完全不知道這是他的下屬和獵頭公司共同努力的結果，但正好這位上司對於自己現在的工作也厭倦了，所以沒有考慮多久，他就接受了這份新工作。

這件事最美妙的地方，就在於上司接受了新的工作，結果他目前的位置就空出來了。麥克申請了這個位置，於是他就坐上了以前他上司的位置。

這是一個真實的故事。在這個故事中，麥克本意是想替自己找份新工作，以躲開令自己討厭的上司。但他的妻子讓他懂得了如何從不同的角度考慮問題，結果，他不僅仍然做著自己喜歡的工作，而且擺脫了令自己煩惱的上司，還得到了意外的升遷。

所以說，在面對問題時，不能只從問題的直觀角度去思考，要不斷發揮自己智慧的潛力，從相反的方面尋找解決問題的辦法，就會使問題出現新的轉折。

人的頭腦是非常靈活的，思路也特別的多。人們覺得這樣說不妥當時，就會換一種說法，而且一換，往往變得很巧妙，很精彩。《對面的女孩看過來》就是這樣，直接說我在看對面的女孩，不免有點兒令人難為情，可是如果不表達一下，心裡又覺得有點癢癢的，怎麼辦？聰明的男孩想出了辦法，說對面的女孩看過來，這樣既委婉含蓄，又好聽動人，歌也就此流行了。

換一種說法，實際上就是換一種思路。**生活中的許多事情，我們運用常規思維行不通時，不妨轉換自己的思維方式，換一種思路，說不定這一換，就換出了一條全新的陽光大道。**

在職場中，往往碰到這種情況，即只從一個方向去考慮問題，常會走入死胡同，這時不妨換一個角度來想，也許會有出乎意料的收穫。

有一個德國工人在生產一批紙時，因不小心弄錯了配方，生產出了大量不能書寫的廢紙，他因此被老闆解雇。失業後的他，情緒非常低落。這時，一位朋友勸解說：「把問題變換一種思路看看，說不定能從錯誤中找到某些有用的東西。」不久，他欣喜地發現這批廢紙的吸水性能相當好，可以吸乾家庭器具上的水分。於是，他把這些紙切成小塊，並取名「吸水紙」，拿到市場上出售，竟然十分搶手。後來，他申請了專利，並大量生產，因而發了大財。弄錯了配方，被解雇，卻也因禍得福。就靠這個錯誤，靠他朋友出的點子，他發了大財，成了大富翁。

因此，只要善於掌握反向思維技巧，從錯誤中找正確，就能使人遇事時扭轉局面。

換一種說法新穎別致；換一種思路海闊天空，看來做任何事，當我們感到困惑或尷尬時，當我們無能為力時，不能總是按規矩、老習慣、老腦筋去辦，而是要多考慮考慮，能不能從另一方面入手，能不能換一種思路，能不能從另一個角度思維，能不能改變固有的做法。只要你這樣去思考，你就可能找到出路，就可能取得成功。

彼路不通此路通

天生我才必有用。每個人來到這個世界上都有他存在的價值，關鍵是看你能否找到真正適合自己的道路。

英國政治家邱吉爾，少年時在校成績很差。

他的數學和外語很差勁，人又很頑皮，是一個相當使人感到棘手的少年。邱吉爾的家庭是貴族，很有錢，所以他父親想讓他進入牛津大學或劍橋大學。可是他的成績無法進入大學，因此不得不去報考英國陸軍軍官學校。這在英國屬於第三流學校，可是他竟然也名落孫山。他在家過了二年補習生活，也請過家庭教師，還是考不上。到了第三年才好不容易考取，而且是最後一名。

很多人有這種觀念，認為像邱吉爾這樣的人，外文與數學成績不好，又是不良少年，他是不可能成功的。可是，邱吉爾年輕時代雖然如此差勁，可後來，他竟然能成為二十世紀偉大的政治家之一。

邱吉爾數學雖然不好，可是他在文學方面卻發揮了偉大才能，對繪畫也有天分。並且能活用多藝的才能成為政治家，還在文學方面創造了輝煌的成績，獲得了諾貝爾獎。

從這件事看來，我們可以說學校成績與成功與否沒有太大關係。為了證明這點，另外舉出一個例子來給各位做參考，那就是美國棒球王貝比・魯斯的故事。

貝比・魯斯的故鄉是在船上工作的底層勞動者聚居的地方，環境不是很好。在這裡長大的貝比・魯斯尤其是一個讓大家感到棘手的不良少年。例如：他看到鄰居從市場買菜回來時，就突然從旁邊跳出來，把人家的蔬菜打落，然後跑掉。

由於非常喜歡惡作劇，後來就被送到感化院。感化院的老師為了教育他就讓他打棒球。棒球是最需要團隊精神的一種運動，需要共同作業，不許擅自活動，必須尊重別人立場。老師想利用這個運動來鍛鍊他的人格。那個感化院規模很大，所以很快就組成一個棒球隊，常常跟許多學校舉行比賽。在比賽中貝比・魯斯被某個裁判認為非常有棒球天分，這就為他成為世界第一流全壘打王奠定了基礎。

所以，即使你是一個平凡的人，可能也會有被埋沒的才能，這種才能有時需要靠別人來發掘，可是最好能自己發掘。把它充分發揮出來，才是通往成功之路。

如果你失去了一份沒做好的工作，這不是絕望的來臨，而是希望的開始。你有希望開始一份適合自己的工作。

有一個年輕人講他在沒有工作而走投無路時，如何把注意力放在好的一面。

他說：「我當時在一家資訊公司工作，待遇雖然不怎麼好，但以我的資歷，還是可以的。那時效益不好；公司不得不裁員。因此，對公司可有可無的員工就成為遣散的對象了。一天，我也忽然接到通知。接下的幾小時我真是萬念俱灰。」

「後來，我決定把它看成是外表不幸、其實萬幸的是，我一直不太喜歡這個工作，要是一直留在那裡，我的前途就不可能有進展了。所以，失去工作正是找一個真正喜歡的工作的好機會。果然不久我便找到一個更稱心的工作，而且待遇也比以前好。我因此發現被辭退這件事，不能說不是一件好事。」

尋找到適合自己的人生之路，不是一件很容易的事，有時需要經過好長一番摸爬滾打的。正因為這樣，每個人根據自身的特點，選擇合適的成才目標，是要經過一番摸索、實踐的。人無全才，各有所長，亦有所短。所謂發現自己，就是充分認識自己所長，揚長避短。

如果你有自知之明，善於設計自己，從事你最擅長的工作，你就會獲得成功。

善於逆向思考

很多人在往同一條路上擠的時候，只要你擁有足夠的實力和信心，另謀逆路而取之，也許會達到殊途同歸的目的，只不過你看起來是要輕鬆得多罷了。

人們已經習慣了正常的思維方式，即使沒有什麼成效仍很難改變。這時候，逆向思維能給人新的思路，逆向而往，走一著險棋往往可以帶來與眾不同的勝局。

德國賓士汽車公司的成功經驗告訴我們：如何逆向思維獲得成功。賓士公司走出一步險棋：在巴黎舉辦汽車賽。

二十世紀最後二十年，日美汽車大量侵入西歐，幾乎把歐洲的汽車工業擠到了滅亡的邊緣。像豐田汽車公司，以其優質低價的汽車而風靡全球。這一次車賽很明顯，如果賓士失敗，那就很難想像會有人願意花買兩輛豐田車的價錢去買一輛笨手笨腳的賓士車了——儘管賓士車的品質無與倫比，儘管賓士車耐用又舒適豪華，這一次一旦失敗，賓士車將毫無疑問地被擠出強者的行列。

五月的巴黎氣候宜人，第十八屆世界汽車大賽就在這裡舉行。賽場上，依次排列著十幾輛世界級品牌的高級汽車，賓士車以其豪華的造型位居其列。比賽開始了，賓士公司的總裁埃沙德・路透一眼不眨地盯著大螢幕，注視著一路煙塵而去的汽車。

畢竟都是世界名牌，無論是日本的豐田、本田，還是美國的雪佛蘭、野馬，誰也沒有占到絲毫優勢。賓士車夾在日美汽車中間，速度上是絲毫不遜色，然而它也僅能與之並駕齊驅，看不出有什麼優勢。

路透的心簡直快跳出來了，周圍的幾個助手大氣都不敢出一聲，一起注視著賽場上賓士的命運。賽程過半的時候，路透輕輕籲了一口氣，因為賓士已顯現出了一點微弱的優勢。很快，各型汽車都將車速提到最高的限度，開始了最後衝刺……

隨著一陣歡呼，路透終於揉了揉眼睛，臉上露出了自信的笑容。賓士車贏了，超過了它所有的競爭對手。這個勝利，不僅保住了歐洲汽車工業的一席之地，而且更加穩固了賓士汽車在世界汽車工業中的地位。

其實，早在十年之前乃至更久以前，賓士汽車就以其雄厚的實力而雄踞於世界汽車製造業前列：世界上最早的一輛汽車就叫賓士，而賓士公司的創始人卡爾・本茨和哥特里普・戴姆勒正是汽車的締造者。只是到了埃沙德・路透的時候，這個滿懷雄心壯志的德國人，決定要採取另一種競爭方式來穩固賓士的地位。

「賓士車將以兩倍於其他車的價格出售」，這話說起來就像唱山歌一樣動聽，做起來難度之大可想而知，然而路透似乎早已下定了決心，他知道如果不設法提高賓士車的品質，在以後越來越激烈的競爭中勢必適應不了風雲變幻的市場變化，靠老牌子吃飯是支持不了多久的，他感到自己有責任來為賓士開闢新的發展道路。

路透和他所率領的公司是永遠都不願充當像恐龍那樣不適應變化的角色的。在賓士六〇〇型高級轎車問世之前，路透便對他的技術專家們說：「我最近想出了一則很優秀的汽車廣告，當然是為我們賓士想的。這則廣告是：『當這種賓士轎車行駛的時候，最大的噪音來自於車內的電子鐘。』我準備把這種賓士車定價為十七萬馬克。」專家們當然明白總裁的意思，卻仍不免大吃一驚：十七萬馬克，買普通轎車要買好多輛啊！

也許是總裁的表現感動了那幫專家，他們廢寢忘食地工作，以驚人的速度把成功的新型賓士轎車——梅塞德斯獻給埃沙德・路透。路透從病床上爬起來後的第一道命令，便是宣布將賓士轎車的價格提高一倍。這個命令不僅讓整個德國震驚，更是讓全世界的汽車工業驚惶不已。

路透的願望還是很快變成了現實，聞名世界的高級豪華型轎車賓士六〇〇問世了，它成了賓士轎車家族中最高級的車型，其內部的豪華裝飾，外部的美觀造型，無與倫比的品質都令人歎為觀止。很快，各國的政府首腦、王公貴族以及知名人士都競相挑選賓士六〇〇作為自己的交通工具，因為擁有賓士不僅僅是財富的象徵。

現在，賓士汽車公司已經是德國汽車製造業最大的企業，也是世界商用汽車的最大跨國企業之一，賓士汽車以優質高價著稱於世歷時百年而不衰。

其他企業大多從降低成本、降低自己商品的價格來達到增強競爭能力的目的時，賓士公司逆其道而行卻大獲成功，這不能不給人某種啟示：如何逆向思維獲得成功。

有變化，就會有機會

很多人在生活中過著墨守成規的日子，幾十年都不變。這種人一輩子都不會成功。善於變化思維，就能夠給自己的生活帶來轉機。

我們常常說商場如戰場，多少人功成名就，又有多少人「敗走麥城」，如何能在商場立於不敗之地？如果真像神話傳說那樣，能有點石成金的法術就好了。其實，要練點金術不難，只要你改變老實做事的習慣，善於動腦，從商品或經營策略的某一個點上稍加變化，把平常變為不平常。**只要你善於思維，發現別人不注意的東西，在有些事情上加上一點點東西，變化那麼一點點，你一定能所向披靡，馬到成功。**

美國的艾吉隆公司董事長布希耐一次散步到了郊外，偶然地，他看到幾個小女孩正在玩一隻非常骯髒和異常醜陋的昆蟲，玩得愛不釋手。看著她們開心的樣子，布希耐頓時靈機一動，他想，市面上銷售的玩具都是優美漂亮的，如果生產一些醜陋的玩具，市場反應會如何呢？想到做到，他立刻叫手下的人研製出一批「醜陋玩具」，迅速投入了市場。

這一仗布希耐大獲全勝，他的「醜陋玩具」給公司帶來了巨大的經濟效益，讓同行們眼紅不已。醜陋玩具也就此風靡於世。這種玩具是在一串小球上印滿了許多醜陋可怕的面孔，還有一雙鼓得像青蛙的帶著血色的眼球，眨起眼來就發出很難聽的聲音。這樣的一些醜八怪玩具的售價甚至比漂亮的玩具還要高，但卻一直很暢銷。

這個故事說明：一件東西已經沒有什麼賣點的時候，用反向思維來做，促使事物發生一點點變化，就會是一個新的突破。

羅丹說：「不是缺少美，而是缺少發現。」而我們也可以說，在商場中，不是缺少機會，而是缺少發現。做一個有心人，有時一個別人不經意的發現，卻是你創造的契機。

做一個有創造性的人

生命的意義在於造福他人，造福他人的最好手段是進行創造。但是欲有成功的創造，必須先有創造的強烈欲望。如果說創造是火車，那強烈的欲望就是火車頭；如果說創造是火車頭，那強烈的欲望就是燃料。

在每個人的生活工作中，都可能會遇到這樣的情況，在發現問題或在解決問題時，可能出現突如其來的新想法、新觀念。善於及時捕捉這種創造性想像與創造性思維的產物，並迅速而準確地記錄下來，進行思維加工與實踐檢驗，就可能獲得創造性活動的很有價值的成果。

事實上，人人都可以成為有創造性的人，就看你如何發掘自己的創造性。我們如果發現自己缺乏創造性，可以參照一下下列的標準，檢查自己的不足之處。

缺少確定的奮鬥目標；懼怕失敗；擔心成功可能帶來不利的影響；貪圖眼前既得利益；害

怕生活的改變對自己不利；缺乏體力或精力。

只要你充分發揮自己的能力，認識並注意克服自己的缺點，你就一定能成為一個有創造性的人，並且在所進行的創造中獲得無窮的樂趣！

要成大事，首先要做一個具有創造性的人，充分利用獨立思考的習慣，這樣你就會在拼搏中找到自己的位置和方向。

創新能「救活」自己的異常思維和才智，進而啟動自己全身的能量。在日常生活中，每個人都是投石問路者，或難或易、或明或暗，或悲或喜，彷彿不停地掙扎在一個個「陷阱」之中，因此用有效的創新點擊人生火花，成為突擊生存的夢想和手段。誰要抓住創新的思想，誰就會成為贏家；誰要拒絕創新的習慣，誰就會平庸！這就是說，一個有思考創新習慣的人，絕對擁有閃亮的人生！

生活中，思考創新更是不可缺少的。以求職為例，職業的多樣性，給每個求職創意的人提供了可能；假如只有一種職業適合自己的觀點，肯定是錯誤的，因為它本來就缺少創意，僅僅是一種不願努力改變自身被動狀態的懶惰心理而已。「工作唯有改變才能創新人生。這就是說，現代人試圖改變人生的方法就是把智慧用在工作的創新中，力戒一種工作適合於自己的觀點。用不同的工作挑戰自我，就是最大的創新！」而這些，只有透過思考才能實現。

我們應該知道思考創新的重要性，它是撞擊成功迸發出來的火花，養成思考創新的習慣，對於我們來說，是成大事的導火線。

歷史是源遠流長而偉大的，這需要大家用心來學習。但我們在學習前人優秀東西的同時，也為自己編織了一張無形的網——前人固有的思想的一張網。這張網給了我們許多知識，但有時候也網住了我們自己的思想。此時，只有勇敢地否定前人，衝破這張網，才能夠創造新的東西，得到新的發展。

十八世紀化學界流行「燃素學」。這種認為物體能燃燒是由於物體內含有燃素的錯誤學說，嚴重束縛了人們的思想，誤使許多科學家都去積極尋找燃素，沒有一個人對此表示懷疑。瑞典化學家合勒也是熱衷於尋找燃素的人，他從硝酸鹽、碳酸鹽的實驗中，得到了一種氣體，實際上就是氧氣。但他卻以為自己找到了燃素，命名為「火氣」，並解釋為火與熱是火氣與燃素結合的產物。合勒如果不受燃素說的影響，當時就得到了氧氣的發現權。英國人普利斯特在實驗中也得到了氧氣，可是也因為篤信燃素說，而把氧氣說成「脫燃素的空氣」，遭到了合勒同樣的命運。

後來，普利斯特把加熱氧化汞取得「脫燃素的空氣」的實驗告訴拉瓦錫。拉瓦錫卻未盲從，他不受燃素說的束縛，大膽地提出懷疑，經過分析，終於取得了氧氣的發現權，使化學理論進入了一個新的時期。

要善於思考，要敢於否定前人，培養提出問題的能力。學習新知識，不能完全依靠老師，也不能盲目迷信書本，因為開卷有益，但也可能無益，甚至有害，就看它是激發還是壓抑了自己的創造力。

所以說，你要勇於質疑問題。勇於提出問題，這是一種可貴求知精神，也是創造的萌芽。

創造的機制是：由於知識的繼承性，在每個人的頭腦裡都容易形成一個比較固定的概念世界，而當某一些經驗與這個世界的概念發生衝突時，驚奇就會開始產生，問題也開始出現。而人們擺脫「驚奇」和消除疑問的願望，便構成了創新的最初衝動，因此「提出問題」是創新的重要前提。

多少年來，不知有多少人為創新而向歷史發出挑戰了，或許人們已經把他們的容貌淡忘了，但他們的精神，他們對歷史做出的貢獻卻一代又一代地影響著人們，影響著千千萬萬的我們。我們應該把「創新」作為治學之精神，不僅僅是能夠成為創新的代表，而且更應該用思考創新的習慣，為自己的事業做出更大的貢獻。

動腦的結果

我們的潛能是發揮想像力和創造力的源泉。

如果你想成功，就必須發掘自身的這種潛能。這就需要你善於思索。因為，思索是勘探的重錘，叩擊知識寶庫的大門；思索是導航的路標，指引人們駛向智慧的彼岸；思索是創新的門窗，沒有它，成功的陽光就射不進來。善於思索，是求知者人生最大的樂趣。

佛瑞迪當時只有十六歲，在暑假將臨的時候，他對爸爸說：「我不要整個夏天都向你伸手要錢，我要找個工作。」

父親從震驚中恢復過來之後對佛瑞迪說：「好啊，佛瑞迪，我會想辦法幫你找個工作，但是恐怕不容易。現在正是人浮於事的時候。」

「你沒有聽懂我的意思，我不是要你幫我找個工作。我要自己來找。還有，請不要那麼消極。雖然現在我還年輕，我還是可以找個工作。有些人總是可以找到工作的。」

「哪些人？」父親帶著懷疑問。

「那些會動腦筋的人。」兒子回答說。

佛瑞迪在廣告求職欄上仔細尋找，找到了一個很適合他專長的工作，廣告上說找工作的人要在第二天早上八點鐘到達四十二街一個地方。佛瑞迪沒有等到八點鐘，而在七點四十五分鐘就到了那裡。可是他看到已經有二十個男孩排在那裡，他只是隊伍中的第二十一名。

怎樣才能引起特別注意而競爭成功呢？這是他的問題，他應該怎樣處理這個問題？根據佛瑞迪所說，只有一件事可做——動腦筋思考。因此他進入了那最令人痛苦也是令人快樂的程序——思考。在真正思考的時候，總是會想出辦法的，佛瑞迪就想出了一個辦法。他拿出一張紙，在上面寫了一些東西，然後折得整整齊齊，走向秘書小姐，恭敬地對她說：「小姐，請你立刻把這張紙條轉交給你的老闆，這非常重要。」

秘書小姐也是有經驗的人，如果他是一個普通的男孩，她就可能會說：「算了吧！小伙子。你回到隊伍上等吧！」但是他不是普通的男孩，她直覺感到，他散發出一種自信的氣質。她把紙條收下。

「好啊！」她說，「讓我來看看這張紙條。」她看了不禁微笑了起來。她立刻站起來，走進老闆的辦公室，把紙條放在老闆的桌上。

老闆看了也大聲笑了起來，因為紙條上寫著：「先生，我排在隊伍中第二十一位，在你沒有看到我之前，請不要做決定。」

他是不是得到了工作？他當然得到了工作，因為他很早就學會了動腦筋。一個會動腦筋思考的人總能掌握住問題，也能夠解決它。

處於第二十一的位置，是沒有什麼優勢可言的，但動頭腦的結果卻使他戰勝了佔據有利地位的對手。

求新思維

每個人成功的道路都不一樣，不論做什麼事情都要表現出自己的個性，標新立異就能成功。

傳說有一位商人，帶著兩袋大蒜一路跋涉到了阿拉伯地區，那裡人從來沒有見過大蒜，他們想不到世界上還有味道這麼好的東西，因此他們用當地最熱情的方式款待了這位精明的商人，臨別時給他兩袋金子作為酬謝。

另一位商人聽到這個消息後，不禁為之一動，他想：大蔥的味道不是也很好嗎？於是他帶著一批大蔥來到那個地方。那裡的人們同樣沒有見過大蔥，甚至覺得大蔥的味道比大蒜的味道更好，他們更加盛情地款待了商人，並且一致認為，用金子遠不能表達他們對遠道而來的客人的感激之情，經過再三商討，決定贈予這位朋友兩袋大蒜。

做生意需要開動腦筋，商人的思維要有獨特的眼光，這獨特的眼光就是與眾不同的思維個性，誰有個性，誰就能創造和發現機會，並且得到金子的恩賜；思維沒有個性，東施效顰，得到的可能就是「大蒜」。

一個人要有個性，其創新的思路就寬闊。同樣的，一個企業開發市場也要有特色，才能達到自己的經營目標。美國有一家生產食品的企業，為了摸清市場行情，做到準確決策，他們對特殊的市場對象進行了調查，其調查的對象既不是商場也不是消費者，而是垃圾。他們把不同地方的垃圾收集起來，分門別類地進行統計分析，從這些包裝物、殘渣餘料、廢棄物中窺探消費者的需求，預測消費走向。結果大獲成功。

同樣的，海爾公司在產品開發上也有一個思維角度值得借鑑，即：用戶的難題就是新產品開發的方向，就是企業賺錢的機會。為此他們設立了「用戶難題獎」，對那些提出難題和建議的用戶給予獎勵，依據用戶反應的意見開拓市場。這個角度也自有其經營創新的高明之處。六〇年代的馬來西亞也有異曲同工的做法，該國許多建設項目都被當地華人以極低的價格承包到手，那樣低的價格不可能賺到錢。後來，人們才發現，華人承包的工程大都在荒山野嶺，條件非常艱苦。他們「醉翁之意不在酒」，而是把目光盯在工人身上。在工地附近開飯店、開賭場、開酒店，從服務業上大賺錢財。角度一變市場寬，原來的一潭死水，卻變成了無限商機，可見個性思維對經營創新的重要性。

一個企業經營者要能隨時變換角度，發現市場也並非易事，因為任何人都有思維定勢，很難突破自我，因此個性思維的培養就顯得非常重要，有遠見的企業家都懂得「個性即創新」的道理，任何有利於企業發展的創新思維，都應大力支持和扶持才是。

格林伍德小時候常常愛動腦筋，思考問題的方法常常與其他小朋友不同，十五歲過耶誕節時，他得到了一雙心儀已久的溜冰鞋，他高興得皮帽子也忘了戴，就去屋外結冰的小河溜冰。可是幾分鐘後，他的耳朵就被凍得受不了，而戴上帽子卻又熱得滿頭大汗。格林伍德就想，全身上下只有耳朵冷，為什麼就不能給耳朵做一個套子呢？他跑回家，請媽媽給他做了一副耳套。從此格林伍德就和他媽媽、祖母生產起耳套來，還申請了專利，辦起了工廠，並因此成了百萬富翁。這是一個個性和快樂結伴的例子，格林伍德因為有個性而發明了耳套，又因為快樂與人分享而獲得了財富。

十九世紀中期，海曼還是一位窮困潦倒的畫家，他不但賣不出畫，還常常因丟失橡皮擦、鉛筆無錢購買而苦惱。能不能把橡皮和鉛筆連在一起呢？海曼成功了。就是這個專利，他賣了五十五萬美元。

二十世紀初，哈猛威在路易斯安那州的世界博覽會會場出售甜脆薄餅，他的旁邊是一位賣

變通

冰淇淋的小販。因為天熱，冰淇淋賣得很快，甜脆薄餅卻賣得很少，哈猛威就熱心地去為賣冰淇淋的小販幫忙。不一會兒，盛冰淇淋的小碟就不夠用了，哈猛威靈機一動，把薄餅捲成錐形來盛冰淇淋。從此，蛋捲冰淇淋風靡全世界，哈猛威也成為富翁。

善於思考的大腦，就像一個熔爐，溶入粒粒辛苦，熔出顆顆黃金，所以說，你要做一個善於思考的人，因為沒有思索就沒有想像，沒有想像就無法創新。

做事不貪多

很多人做事貪多，總想一口吃成一個胖子，那是辦不成事情的。

把你需要做的事想像成是一大排抽屜中的一個小抽屜。你的工作只是一次拉開一個抽屜，令人滿意地完成抽屜內的工作，然後將抽屜推回去。不要總想著所有的抽屜，而要將精力集中於你已經打開的那個抽屜。一旦你把一個抽屜推回去了，就不要再去想它。

做事不能太「老實」地去做，要講究做事的技巧，一個人的精力是有限的，把精力分散在好幾件事情上，不僅是不明智的選擇，而且也是不切實際的。在這裡，我們提出「一件事原則」，即專心地做好一件事，就能有所收益，能突破人生困境。這樣做的好處是不致於因為一下想做太多的事，反而一件事都做不好，結果兩手空空。

想取得自我成功的人，不能把精力同時集中於幾件事上，只能關注其中之一。也就是說，我們不能因為從事份外工作而分散了我們的精力。

如果大多數人集中精力專注於一項工作，他們都能把這項工作做得很好。

在對一百多位在其本行業獲得傑出成就的人士的商業哲學觀點進行分析之後，有人發現了這樣一個事實：他們每個人都具有專心和明確果斷的優點。

做事有明確的目標，不僅會幫助你培養出能夠迅速做出決定的習慣，還會幫助你把全部的注意力集中在一項工作上，直到你完成了這項工作為止。

最成功的商人都是能夠迅速而果斷做出決定的人，他總是首先確定一個明確的目標，並且集中精力，專心地朝這個目標努力。

伍爾沃斯的目標是要在全國各地設立一連串的「廉價連鎖商店」，於是他把全部精力花在這件工作上，最後終於完成了此項目標，而這項目標也使他成為了成功的人。

林肯專心致力於解放黑奴，並因此使自己成為美國最偉大的總統之一。李斯特在聽過一次演說後，內心充滿了成為一名偉大律師的欲望，他把一切心力專注於這項目標，結果成為美國最知名的律師之一。伊斯曼致力於生產柯達相機，這為他賺進了數不清的金錢，也為全球數百萬人帶來無比的樂趣。海倫・凱勒專注於學習說話，因此，儘管她又聾、又啞，而且又瞎，但她還是實現了她的明確目標。

可以看出，所有成功者做事都不貪多，都把某種明確而特殊的目標當作他們努力的主要推動力。

專心就是把意識集中在某一個特定欲望上的行為，並要一直集中到已經找到實現這項欲望的方法，而且拯救自己的人直到將為之付諸實際行動為止。

自信心和欲望是構成人的「專心」行為的主要因素。沒有這些因素，專心的神奇力量將毫無用處。為什麼只有很少數的人能夠擁有這種神奇的力量，其主要原因是大多數人缺乏自信心，而且沒有什麼特別的欲望。

對於任何東西，你都可以渴望得到，而且只要你的需求合乎理性，並且十分熱烈，「專心」這種力量將會幫助你得到它。

假設你準備成為一位作家，或是一位演說家，或是一位商界主管，或是一位金融家。那麼你最好在每天就寢前及起床後，花上十分鐘，把你的思想集中在這項願望上，以決定應該如何進行，才有可能成功。

你要專心地集中你的思想時，就應該把你的眼光投向一年、三年、五年甚至十年後，幻想你自己是這個時代最有力量的演說家；假設你擁有相當不錯的收入；假想你利用演說的金錢報酬購買了自己的房子；幻想你在銀行裡有一筆數目可觀的存款，準備將來退休養老之用；想像

變通

你自己是位極有影響的人物，假想你自己正從事一項永遠不用害怕失去地位的工作……唯有專注於這些想像，才有可能付出努力，美夢成真。

瞭解你在每次任務中所需擔負的責任，瞭解你的極限。如果你把自己弄得精疲力竭和失去控制，你就是在浪費你的效率、健康和快樂。選擇最重要的事先做，把其他的事放在一邊。做得少一點，做得好一點，才能在工作中得到更多的快樂。

可以看出，專心的力量是多麼神奇！在激烈的競爭中，如果你能向一個目標集中注意力，成功的機會將大大增加。

做事以前，瞭解自己的實力

哲學家說：「瞭解你自己。」最好的方法是站在一旁，像陌生人一樣來評估你自己。接著，要盡可能客觀地進行自我檢查、評估自己的能力並認清自己的缺點。

有人會反駁：「這是一種毫無意義的行為，我已經知道我自己。難道有人不能知道他自己嗎？」回答是：「是的！」但是我們都有自欺欺人的弱點，我們都會為自己的弱點尋理由，為自己的失敗找藉口。

很多人都相信自己比實際情況要好得多。我們都認為自己在事業上沒有做得更好的主要原因是我們沒有運氣。我們竭力迴避這樣的事實：像缺乏行動或故意拖延，或不夠注意，或逃避義務。

你想去一家公司上班，所以你與這家公司總裁有約。他坐在桌邊，身子前傾著說道：「如果我雇用你，你能給我們帶來什麼？好的壞的都說給我聽聽吧！」

你怎麼回答？你能說出哪些資格、條件？

任何公司都要經常盤點，透過檢查庫存貨品，公司就會弄清要賣什麼、短缺什麼、某些產品是否過時了。

每個人需要時常檢查自己，問問自己：「我有什麼特別的才智和技術？我有能力與我的同事競爭嗎？我準備付出成功所需要的時間、思想和精力嗎？我所掌握的東西有可能過時了嗎？」**然而，我們之中的另一些人卻認為我們比實際情況還要糟，我們缺乏自信，我們感到不適，我們逃避棘手的挑戰，因為我們不想失敗，最後我們註定一生平庸。**

我們都不願居於他人之後。讓我們來對付這種自欺欺人的行為，停下來嚴格地看待自己。要誠實地回答每個問題，要知道欺騙自己就是背叛自己。

你勤奮嗎？

懶惰是你的劣習嗎？你一離開辦公室就把工作拋於腦後嗎？當你落後於他人時，你很少在辦公室待到很晚，或很少把工作帶回家，或很少在週末去辦公室嗎？你是否比其他人花更多時間喝咖啡，把時間浪費在無關的小事上？你在週末起得很晚並找藉口說：「我比別人需要更多的睡眠？」你寧願坐下閒談而不去閱讀那本你知道該讀的書嗎？你大多數夜晚都把時間浪費在電視機前嗎？你下決心保持身體健康，當工作進行得不順手時就把事情拋到一邊嗎？你必須在「勤奮」和「懶惰」兩個詞中挑選其中一個來描繪你自己，你挑選哪一個？

你有雄心嗎？

你想取得進步，可是你當真願為它去出力嗎？你採取具體的措施來增強你的能力、提高你的技術、更好地武裝你自己嗎？你為自己定下目標了嗎？你就像遵循時間表那樣去追求它們嗎？你把眼光盯到自己的工作成就上嗎？你已定下計畫去實現它們嗎？你的抱負合理嗎？

你持之以恆嗎？

你知道該做什麼時，你做了嗎？或者你是一個拖延者嗎？如果你有某項責任需要履行，某種麻煩棘手的事要做，你歎了口氣但卻繼續做下去並堅持到把它辦好才罷手嗎？或者是一直拖下去，到最後才急匆匆地胡亂完成嗎？

變通

你安排有序嗎？

你的工作是雜亂無章一團糟呢，還是「計畫工作、完成計畫」？如果沒有秘書，你總是能及時得到並掌握新的資料嗎？你常常記筆記呢，還是相信自己的記憶呢？你口袋裡有一個袖珍日曆、有一個詳細的工作日曆，每天第一件事就是查詢這些日曆嗎？你把重要的日子或事件寫在日曆裡呢還是拖延著不記？你是否常常忘了約會或最後期限，最後才驚慌地去彌補疏漏嗎？

你有創造性嗎？

你善於解決問題嗎？你歡迎問題嗎？如果拿到一個任務，你願採用常規的方法去做呢？還是尋找更好的辦法？當面臨一個問題時，你在分析它時是陷入困境呢？還是迅速去評估它並開始尋找解決辦法呢？如果一台機器故障了，你本能的反應是什麼——是找出說明書並重新安裝呢？還是找出新的方法把工作做得更好？當體制運轉不靈時你勃然大怒但卻繼續留在裡面工作嗎？你準備著手改變它們嗎？

你注意力集中嗎？

你努力確立自己的目標並一直追求這些目標嗎？你喜歡一次考慮十幾樣事情嗎？你是否有

熱情卻無興趣？你是把頭腦放在工作上呢還是常做白日夢？你缺乏動力嗎？你受模糊不清的雄心壯志的鼓動但卻不太明白從哪裡下手嗎？如果有某項任務要做，你搞得清楚嗎？你是否一直想換工作，但是去留之間，你卻一直沒有下定決心？

你是一個現實主義者嗎？

儘管你知道你不會走運，但你仍相信總有一天你會得到它嗎？你有足夠強烈的意識來客觀評估你的技能和潛力嗎？你是否清晰地認識到在某些方面所缺乏的東西在其他方面可得到彌補嗎？你瞭解你的局限和長處嗎？你是坦率地回答以上這些問題，還是閃爍其詞地回答呢？

問問自己這個基本的問題：為什麼我想成功？重新安排下列觀點的次序，看看你的重點是什麼：

——我想成功，因為在事業上，成功就是意義之所在；

——成功是一件值得個人驕傲的事；

——為了我的家庭，我想成功；

——我想得到同事們的誇獎；

——我想得到回報：金錢、權力和影響力。

做事要快而敏捷

兵家常說：「用兵之害，猶豫最大也。」

實際上，猶豫不決，當斷不斷的禍害，不僅僅表現於戰場上，在現代的商業戰略上又何嘗不是如此呢？商戰之中，機不可失，時不再來，如果猶豫不決，當斷不斷，你在商場上只會一敗塗地，無立身之處。因此，斬釘截鐵、堅決果斷，已成為當代經營企業家的成功秘訣之一。當然，這裡說的當機立斷，首先，指的是認準行情、深思熟慮後的果敢行動，而不是心血來潮或憑意氣用事的有勇無謀。**宋人張詠說：「臨事三難：能見，為一；見能行，為二；行必果決，為三。」**當機立斷的另一方面，並非僅僅指進攻和發展。有時，按兵不動或必要的撤退也是一種果敢的行為，該等待觀望時就應按兵不動。撤退時就應該撤退，這也是一種當機立斷的行為。

最讓人感慨的當是「夜長夢多」這句俗語了。夜長夢多，指的是做某些事，如果歷時太長，或拖得太久，就容易出問題。

「夜長」了，「噩夢」就多，睡覺的人會受到意外的驚嚇，反而降低了睡眠的品質。同理，做事猶猶豫豫，久不決斷，也會錯失良機。

「失時非賢者也」。《史記》中有「兵為兇器」的說法。意思是說，不在萬不得已時，不得出兵；但是，一旦出兵就得速戰速決。「勞師遠征」或「長期用兵」，每每帶來的都是失敗。

拿破崙窮兵黷武，征戰歐洲，不可一世，但後來卻有了「滑鐵盧」之悲劇；希特勒瘋狂侵略他國，得到的卻是國破身亡，主權不保。這都是由於：

第一，他們沒有認清戰爭的害處。

第二，他們不懂得「夜長夢多」的真正意義。

中國人向來講究不溫不火，從容自若，慢條斯理的做事態度，大難臨頭，「刀架脖子上」也能泰然處之。能夠做到這樣，才算得上氣宇大度的君子。然而，這不是說中國人就喜歡做事拖拉，或不善於抓住戰機。事實上，中國人在追求和諧、寧靜、優雅的同時，無時不在潛心於捕捉機會。

有一種「無為而治」的政治哲學，從表面上看，它似乎也是悠閒式的處世信條，但就其內涵，遠非字面那麼淺顯。所謂「無為」，不是單純的「不為」，而是「陰謀詭計」之極為，它無時不在寧靜的外表下進行頻繁的權謀術數的操作。

打一個比方，一個車輪，以快速的速度旋轉，似乎就看不到它在旋轉了，抑或看到的是倒轉，「無為」就是這種狀態，「無為」才能「無不為」。因此，做事不能太老實應快速決斷，不要猶豫。

做自己喜歡做的事

每個人都必須當機立斷，去做自己喜歡做的事情，也許這種想法是自私的更是不老實的。

其實，做自己喜歡做的事，當知道自己已經走錯方向時，就能及時地掉轉頭，朝正確的方向走，這樣就會達到理想的目的地。如果做事太老實了，明知錯了還要繼續走，最終會一敗塗地。做事不能太老實必須這樣：每天有許多事可做，但有一條原則不能變，那就是一定要做你最喜歡做的事。

很多人在尋找工作的時候，都不知道自己要做什麼，或是做一些自己不喜歡做的事。

有一位機械師不喜歡自己的工作想轉行，卻遲遲下不了決心，因為他已經學了二十幾年的機械，如果突然換一份其他工作，會感到很不適應，儘管不喜歡，卻無法拋開累積二十多年的機械專業知識。他想改變，但又甩不掉過去的包袱，自然無法突破。

這是一個矛盾，既然知道自己再繼續做下去也不會有興趣，就應該果斷地做出決定：轉行！做自己喜歡的事情畢竟是令人興奮的，也更容易激發自己的想像力和創造力，並最終取得卓越成就。

要改變自己目前的狀況。要讓自己更有自信，要讓自己做事更有成效，我們就必須做出更好的決定，採取更好的行動。

很多年前，一位名人講過一句話：「你一定要做自己喜歡做的事情，才會有所成就。」做你自己喜歡做的事情，其實是很困難的。大多數的人，多半都在做他們討厭的工作，卻又必須逼迫自己把討厭的事情做到最好。他們經常失去了動力，時常遇到事業的瓶頸，而沒有辦法突破，他們不斷地徵求別人的意見，卻還是照著一般的生活方式在進行，凡事沒有進展，原地踏步，這些當然不是他們想要的，但是由於種種原因，他們當中卻很少有人試著去改變自己的狀況，其實，要找到自己真正喜歡的工作，只需要把自己認為理想和完美的工作條件列出來就一目了然了。

一位頗有名氣的心理學專家，在敘說自己最終尋找到自己最喜歡的工作的經歷時這樣說：運動和數學一直是羅克很喜歡做的兩件事。

從小到大，羅克一直是運動健將，不僅擔任過體育股長和籃球、乒乓球隊長，也是田徑隊的傑出運動員，羅克曾經想過要如何把興趣發展成職業，也曾經夢想成為張德培第二。

羅克不斷地問自己：這些真的是羅克自己想要的嗎？羅克願意把運動當成自己一輩子的終生事業嗎？後來羅克告訴自己：靠體力過生活，不是羅克真正喜歡過的生活，雖然羅克非常喜歡運動。

在高中和大學的時候，羅克的數學成績一直都是名列前茅的，他也曾經想過，要當一位數學教授。

決定要做這件事之前，羅克列出一張理想和完美的工作條件表，他告訴自己：

第一，時間一定是由他自己掌握。

第二，要能不斷地接觸人，因為他喜歡人群。

第三，必定對社會有所貢獻。

第四，可以環遊世界。

第五，必須能夠不斷地學習與成長。

第六，必須能夠不斷地建立新的人際關係，可以跟一些成功的朋友交往。

第七，收入的狀況可以由他的努力來控制。

羅克發現，當一位數學教授，不能達到他理想的工作條件，於是他又開始尋找另一個可以當成他終生事業的工作。

十七歲的時候，羅克接觸了汽車銷售業，因為他很喜歡車子，他想自己應該可以做得不錯；真正進入了這個行業之後，他發現這個行業有非常大的特色，但是他的個性似乎不適合，於是他又轉行了。

從十六歲到二十一歲，羅克陸陸續續換了十八種不同的工作，可是每次換工作之前，他從來都沒有仔細想過：「他到底要的是什麼？」直到他把那些理想和完美的工作條件列出來。

後來羅克發現，自己有一個特點，就是從小到大一直很熱心，很喜歡幫助別人，同學數學不會，他很喜歡教他；別人籃球打得不好，他會自告奮勇過去教他。因為羅克相信，只要自己可以，別人一定也做得到。

在一個很偶然的機會，羅克參加了一個激發心靈潛力的課程，它給了他非常大的震撼。羅克發現，自己上了那麼多的課程，學習了那麼多的資訊，卻沒有任何一個課程比得上他的老師安東尼•羅賓，在短短的八小時當中，所分享給他的那麼多。

羅克想，假如他以後也能做別人所做的事情，把一些真正對人們有幫助的資訊，不管用何種管道，書籍也好，錄音帶也好，或是錄影帶也好，都能夠分享給想要獲得這些資訊的人，那該有多好！羅克發現，這個工作完全符合他所列出來各種理想和完美的工作條件，當他瞭解到這件事以後，他知道，這就是他畢業所尋找的方向。

羅克曾經聽他的老師這樣說過：「世界上的每一項工作都很好，但是沒有任何一項工作，比他目前所做的更有意義。」因為，他可以藉由幫助別人來幫助自己。

這句話讓羅克決定一輩子做這件有意義的事情，經過了七、八年的堅持，他終於可以在這個行業嶄露頭角，讓非常多的人得到非常實際的幫助。

不管是在心靈的重整，或是自信心的培養，或是業績上的突破，或是管理方式的一些轉變，它們都有非常顯著的改變。

以前，羅克一直把賺錢當成非常重要的目標，後來他才發現，賺錢不是全部，也不是絕對。賺錢固然重要，但是羅克現在一心一意只想把所有精力放在如何提升自己，如何提高工作品質，如何提供更多、更有價值的服務，來幫助更多想要拯救自己的人，想要更上一層樓的夥伴們。

每當羅克發現，一個人不再自我成長，覺得自己沒有什麼可以學習的時候，他就為他感到非常可悲。

因為，連世界最頂尖的人，都還是那麼地謙虛，那麼努力地想成長，他們已經是全世界最棒的，卻還在不斷地學習如何再進步。世界頂尖的人士，一定有他們拯救自己的方法和道理，這些都是我們應該學習的。如何讓自己變成一位成功者呢？我們必須研究成功的人是如何思考的，他們採取什麼樣的行動，用什麼樣的態度，有什麼樣的想法。

他們是如何讓自己更上一層樓，他們結交什麼樣的朋友，在他們還沒有成功之前，他們到底付出了多大的代價和努力？當他們面臨失敗和巨大挑戰的時候，又是如何堅持到底的？歸根究底只有一個原因，那就是：把要做的事，做得最好。

做事有目標，才能把事辦好

期望最佳成績，為最糟的情況做好計畫，隨時為意外之事妥善準備。你無法控制別人所為，但是你可以預期各種不同的情況，盡你所能做好萬全準備；你也能控制你在意外發生時的反應。

像奧運冠軍湯米在雨中練習一樣——即使陽光普照，也帶著他的雨天慢跑鞋。湯米把意料之外的事作一個「偶發事故規劃」，實際上就是：「預期最佳狀況，為最糟的情況作計畫，隨時準備出其不意的事。」也就是這堅毅意志的最後一項原則，使湯米奪得奧運會十項金牌，並且在奧運史上贏得一席之地。

在這四年的準備中，湯米總是為意料之外的事，做好萬全的計畫。當他在加州大學聖塔茅芭芭拉分校訓練時，那時氣溫大約在攝氏二十七度左右，他卻總是帶著專為雨天準備的特製慢跑鞋。當然，雨天在加州是很罕見的，但湯米為每一種意外狀況事先做好計畫。他總是為每一種想像得到的體能、心理和氣象的可能性變化，準備妥當。

他是少數如此做好萬全準備的人之一，在很少有的情況中，練習時真的下雨了，他發覺其他的運動員幾乎全都到雨棚下避雨去了，或是轉入室內運動場。但湯米仍在大雨滂沱中練習，以防萬一到墨西哥市時那裡也下了雨。

在十月陰雨的午後，七千三百英尺長的墨西哥市運動場裡，湯米與德國選手爭奪冠軍金牌。德國選手看來有些焦慮，有點兒煩惱跑道的狀況，他試跳一個比他最佳成績還有一段差距的高度時，失敗了。湯米則輕鬆、冷靜，看來像在雨中玩耍。這位奧運十項運動中最年長的選手，在雨中跳出了六英尺六英寸的成績。披掛著金牌，自信怡然地離去。

一個計畫如果沒有內在的動機做支撐，即使立意良好也不夠完美，這時候必須對這個計畫加以質疑。如果有明確的動機，還應該再將思考與感覺結合在一起，一天一天推進自己的成功。

不能偏離目標做事

在人生諸多的問題中，最大的問題就是大家每天都稀里糊塗，一點不曉得生命中真正對他們有意義、有價值的東西是什麼，無怪乎他們在得到所追求的東西之後內心依然空虛，歎道：「難道人生就是如此嗎？」

許多人之所以在生活中走偏了路，歸根究底是沒有弄清楚目標的真正含義，常常耗費心力於那些並非真正想要實現的目標上，因此才會遭受那麼多的痛苦。

我們會有什麼樣的成就，會成為什麼樣的人，就在於先做什麼樣的夢。先有夢，才會有成就，才會發揮潛能。

有一個出生於舊金山貧民區的小男孩從小因為營養不良而患有軟骨症，在六歲時雙腿變形成弓字形，小腿更是嚴重萎縮。然而，在他幼小心靈中，一直藏著一個沒有人相信會實現的夢──除了他自己。這個夢就是有一天他要成為美式足球的全能球員。他是傳奇人物吉姆・布朗的球迷，每當吉姆所屬的球隊在舊金山比賽時，這個男孩便不顧雙腿的不便，一跛一跛地到球場去為心中的偶像加油。由於他窮得買不起票，所以只有等到全場比賽快結束時，從工作人員打開的大門溜進去，欣賞剩下的最後幾分鐘比賽。十三歲時，有一次他在比賽之後，在一家冰淇淋店裡終於有機會和他心目中的偶像面對面接觸了，那是他多年來所期望的一刻。他大大方方地走到這位大明星的跟前，朗聲說道：「布朗先生，我是你最忠實的球迷！」吉姆・布朗和氣地向他說了聲謝謝。

這個小男孩接著又說道：「布朗先生，你曉得一件事嗎？」吉姆轉過頭來問道：「小朋友，請問是什麼事呢？」男孩一副自豪的神態說道：「我記得你所創下的每一項紀錄，每一次的達陣。」吉姆・布朗十分開心地笑了，然後說道：「真不簡單。」這時小男孩挺了挺胸膛，眼睛閃爍著光芒，充滿自信地說道：「布朗先生，有一天我要打破你所創下的每一項紀錄。」聽完小男孩的話，這位美式足球明星微笑地對他說道：「好大的口氣，孩子，你叫什麼名字？」小男孩得意地笑了，說：「奧倫索，先生，我的名字叫奧倫索・辛普森。」

奧倫索・辛普森日後的確如他少年時所言，在美式足球場上打破了吉姆・布朗所創下的所有紀錄，同時更創下一些新的紀錄。為何目標能激發出令人難以置信的潛力，改寫一個人的命運？又何以目標能夠使一個行走不便的人成為傳奇人物？靜下心來認真想一想，你就會發現，如果想要美夢成真，首要做的事便是制訂目標，這是人生中一切成功的基礎。目標會引導你的一切想法，而你的想法便決定了你的人生。

設定目標有一個重要的原則，那就是它要有足夠的難度，乍看之下似乎不容易實現，但它又要對你有足夠的吸引力，願意全心全力去完成。當我們有了這個令人心動的目標，若再加上必然能夠達成的信念，就可以說是成功了一半。

一切目標的制訂，除了計畫之外還需要行動，它制訂的過程跟你用眼睛看東西的過程有很多雷同之處。當你的目光越是接近要看的目標，就越會注意地看，不僅是目標本身，而且包括它周圍的其他東西。

目標可以吸引我們的注意，引導我們努力的方向，至於最後是成功或是失敗，就全看我們是否能始終走在正確的方向上。

成功者和失敗者之間最大的區別就在於是否能夠明確目標。目標直接決定著你成功與否，並為你的人生賦予了許多重大的意義。

逼近最終目標

做事不能太老實，你要盡可能地想辦法向最終目標一步步逼近，千萬不要讓其瑣事影響或改變了最終的人生目標，它們存在只是為了幫助你早日達成人生目標，不是來改變你人生的方向。

在你人生的旅途中，附屬或次要目標在一段時間之後可能會擴展或甚至改變了方向，也可能創造出新的目標或去掉一些目標，但最終的目的只有一個：那就是要達成最終的人生目標。

有人說，壞的計畫比沒有計畫更糟糕。這句話若要成立，必須滿足兩個前提：首先，實施這個計畫，必會導致我們有所改變；其次，我們必須具備調適能力，而可隨時修正、改進這個計畫。

我們著手做事，不論對錯，都會得到回饋；而這些回饋的資訊，大多是我們追求成功最初階段時，所無法獲得的資訊，必須實際行動之後才產生的新資訊；不僅充實我們既有的策略，補足若干先前未曾發現的細節內容，或者可以指引我們調整大小方向。

歐洲有一句格言：「不容許修改的計畫是壞計畫。」的確如此！

人生中有件事相當無奈：每個人在展開新歷程之時，皆無法確切瞭解，自己究竟走向何方，無法完全清楚，究竟該如何達成目標。我們邊走邊學，假如願意調整方向，則這些新學到的東西會頗有助益。

除非我們踏上追求目標的奮鬥旅程，否則有一些資訊永遠無法加以處理。這些新資訊，在我們努力清掃路途障礙的過程中，才能綻放光芒，發揮作用。

也唯有在我們朝夢想邁進時，才能從這些新資訊中，解讀出新的機會。有些東西遠看眩人，趨近一看，卻平平常常；有些東西遠看似乎混沌，但越靠近越見光彩奪目。人生旅程的景觀一直在變化；向前跨進，就看到與初始不同的景觀；再上前去又是另一番新的景象。要能夠隨時掌握人生目標的進度與方向，需要勤奮不懈以及持久耐心。

一個人的注意力很容易被分散，一直不斷包圍著我們生活中的問題，有時候會令人無法精神集中。等到我們明確知道我們身在何處時，我們的人生目標早已被遺忘，夢想早已被粉碎。

無論是每日、每週或是每月做一次確認工作，都能夠維持在正確的方向，並且非常真實地給人激勵與成長。做確認工作意味著你必須和已經成為成功人士的人多多交往、學習。切記，要不斷地找尋那些比你有成就感、在某件事做得比你好的人作為學習模仿的對象。避免與終日抱怨，滿腦子負面想法的人為伍。要戰勝頭腦裡存在的負面思考，要花費更多積極、正面的鼓舞。換言之，就是你在自己心靈的視窗為自己站崗、把關，當正面或負面的想法抵達門口時，你的工作就是決定該讓何種想法經過。

當然是正確思想順利過關，將負面想法阻擋在外。假設你最終的人生目標是在你所在的城市創造一個最大而且最成功的企業。隨著歲月流逝，你的知識及經驗都不斷地成長，你也許會發現，你早期的人生目標在不知不覺中擴展了！重點是在把握你所進行的方向，當失去這個方向的時候問題將會接二連三的出現。

此外，值得注意的是：做事不能太老實，更不能將自己的目標局限在某一個可能隨時會結束的方向上！應該選擇一個方向，能夠包容改變，並由改變中吸取經驗，獲得利益。

在你人生的旅途中，附屬或次要目標在一段時間之後可能會擴展或甚至改變了方向，也可能創造出新的目標或去掉一些目標，但最終的目的只有一個：那就是要達成最終的人生目標。因為這個緣故，在人生道路前進時，要有調整方向的彈性。

近代史上，有一群人特別成功，那就是第二次世界大戰中，曾經被囚禁於納粹集中營而倖存的人。赫姆瑞可博士在一本著作中，拿這群人和戰前即遷居美國的同齡猶太人做比較。結果發現，平均而言，這批倖存者的教育程度較低，但日後的事業成就較大，收入較高，較熱心從事社會服務工作。赫姆瑞可探究原因，發現這些歷經苦難折磨，卻頗有成就的人，具有若干共同特質，其中最重要的兩點是：

一、**隨時準備主動展開新任務，而且能針對環境變化，隨時進行調整與調適**。二十世紀生物學一再對我們耳提面命：調適就是生命，生命就是調適。只要朝著積極的方向改變，便毋須羞恥。很多人明明接收到新資訊，卻好像很難據此改變既有計畫。他們拉不下臉承認錯誤，也不肯重新考慮原來的目標策略或方法，只好硬著頭皮，繼續實施錯誤的計畫。殊不知，財富稍縱即逝，越快改正錯誤越好。

重新檢討路徑或謀略，非但不表示自己不行，反而可顯示實力堅強。聰明的人都瞭解，最好的計畫是在資訊不齊全的情況下制訂的。機警的人一邊將計畫付諸行動，一邊加強搜集資訊。

二、**唯有藉助持續不斷的親身經歷，才有辦法對計畫進行妥善的修正**。凡未能隨時修正計畫的人，多半因為自身欠缺安全感，以致絆腳。這種人必須改變觀念，不要再誤以為所謂卓越，就是無所不知；要敞開心胸，接受新觀點，隨同而來的新變化，放大自己有限的視野。若

變通

非如此，無法充分發揮潛能，獲致最滿意的成就。

在一連串實現夢想的過程中，如我們有心探求回饋資訊，可以不斷取得，據此修正目標或方法。「預期發生預料之外的事」是絕佳的人生格言。我們所生存的世界，既複雜又變動，不斷會有變化；假如生活中沒有經常遭遇些令人驚慌之事，那才奇怪。

我們必須隨時準備面對出乎意料的情況——這些情況會引我們走向未曾計畫之處。這就需要我們有足夠的信心，因為自信不足的人，會因為遭遇未預期之事，即裹足不前，實在很糟糕。有些事情雖出乎意料之外，但這不等於是挫折，即使真的是挫折，也不是壞事。事實上，計畫遭受挫折或延擱，反而會帶來意想不到的好處。

用恰當的目標，為自己成功鋪路

「條條大路通羅馬」一個人目標的實現有許多路可走。在實現目標的過程中，你不能太老實，要想盡辦法一步步鋪就自己的成功之路。

年僅三十六歲的史蒂芬·史匹柏就成為世界上最成功的製片人，電影史十大賣座的影片中，他個人囊括四部。他是如何獲得此等成就？他的故事實在耐人尋味。

史匹柏在十二、三歲時就知道，有一天他要成為電影導演。在他十七歲那年的某天下午，當他參觀環球製片廠後，他的一生改變了。那可不是一次不了了之的參觀活動，在他得窺全貌之後，當場他就決定要怎麼做。他先偷偷摸摸地觀看了一場電影的實際拍攝，再與剪輯部的經理長談了一個小時，然後結束了參觀。

對許多人而言，故事就到此為止，但史匹柏可不一樣，他有個性，他知道自己需要什麼。

從那次參觀中，他知道得改變做法。

於是第二天，他穿了一套西裝，提起他老爸的公事包，裡頭塞了一塊三明治，再次來到攝影現場，裝出他是那裡的工作人員。當天他故意地避開了大門守衛，找到一輛廢棄的手拖車，用一塊塑膠字母，在車門上拼成「史蒂芬・史匹柏」、「導演」等字。然後他利用整個夏天去認識各位導演、編劇、剪輯，終日流連於他夢寐以求的世界裡。從與別人的交談中學習、觀察並且發展出越來越多關於電影製作的敏感來。終於在二十歲那年，他成為正式的電影工作者。他在環球製片廠放映了一部他拍的不錯的片子，因而簽訂了一紙七年的合約，導演了一部電視連續劇。他的夢終於實現了。

你也要像史匹柏一樣知道自己所追求的目標，也知道做法，善於學習，用恰當的目標，為自己鋪就了成功的道路。

要有一個明確的目標

圓規只有找準圓心，才能畫出一個標準的圓形。人生只有確定目標，才能走出一行行堅定的腳印。

法國博物學家讓・亨利・法布林曾做過一項有趣的研究。他研究的是巡遊毛蟲。這些毛蟲在樹上排成長長的隊伍前進，有一條帶頭，其餘跟著，法布林把一組毛蟲放在一個大花盆的邊上，使牠們首尾相接，排成一個圓形。這些毛蟲開始動了，像一個長長的遊行隊伍，沒有頭，也沒有尾。法布林在毛蟲隊伍旁邊擺了一些食物，但這些毛蟲想要吃到食物就要解散隊伍，不再一條接一條前進。

法布林預料，毛蟲很快會厭倦這種毫無用處的爬行，而轉向食物，可是毛蟲沒有這樣做。出於本能，毛蟲沿著花盆邊一直以同樣的速度走了七天七夜。牠們一直會走到餓死為止。這些毛蟲遵守著牠們的本能、習慣、傳統、先例、過去的經驗、慣例，或者隨便你叫它什麼好了。牠們做事很賣力，但毫無成果。許多不成功者就跟這些毛蟲差不多，他們自以為忙碌就是成就，工作本身就是成功。

目標有助於我們避免這種情況發生。如果你制定了目標，又定期檢查工作進度，你自然就把重點從工作本身轉移到工作成果，單單用工作來填滿每一天，這看來再也不能接受了。做出足夠的成果來實現目標，這才是衡量成績大小的正確方法。

不成功者常常混淆了工作本身與工作成果。他們以為大量的工作，尤其是艱苦的工作，就一定會帶來成功。但任何活動本身不能保證成功，不一定是有利的。一項活動要有用，就一定要朝向一個明確的目標，也就是說，成功的定義不是做了多少工作，而是做出多少的成果。

把大目標分成小階段

鑽頭為了一個垂直的目標，也要靈活地旋轉。作為人類，在實現目標的過程，更不能太呆板。對於人生中難以實現的大目標，最好分段去實現。

把一個人生目標分解成幾個必須達到的中長期目標，再把每個中長期目標分解成幾個小的中短期目標，然後把中短期目標分解成每天、每週、每月可以執行的任務。這些活動將為你描繪成功的藍圖。

一九八四年，在東京國際馬拉松邀請賽中，名不見經傳的日本選手山田本一出人意料地奪得了世界冠軍。當記者問他憑什麼取得如此驚人的成績時，他說了這麼一句話：憑智慧戰勝對手。當時，許多人都認為這個偶然跑到前面的矮個子選手是在故弄玄虛。馬拉松賽是體力和耐力的運動，只要身體好又有耐性就有望奪冠，爆發力和速度都還在其次，說用智慧取勝確實有點勉強。

兩年後，義大利國際馬拉松邀請賽在義大利北部城市米蘭舉行，山田本一代表日本參加比賽。這一次，他又獲得了世界冠軍。記者又請他談談經驗。

山田本一性情木訥，不善言談，回答的仍是上次那句話：用智慧戰勝對手。這回記者在報紙上沒再挖苦他，但對他所謂的智慧還是迷惑不解。

十年後，這個謎終於被解開了，他在他的自傳中是這麼說的：每次比賽之前，我都要把比賽的線路仔細地看一遍，並且把沿途比較醒目的標誌畫下來，比如第一個標誌是銀行；第二個標誌是一棵大樹；第三個標誌是一座紅房子……

這樣一直畫到賽程的終點。比賽開始後，我就以穩定的速度向第一個目標衝去，等到達第一個目標後，我又以同樣的速度向第二目標衝去。四十多公里的賽程，就被我分解成這麼幾個小目標輕鬆地跑完了。

失敗的原因，往往不是因為難度較大，而是覺得成功離我們遠，確切地說，我們不是因為失敗而放棄，而是因為倦怠而失敗。

設定一個正確的目標不容易，實現目標更難。把一個大目標科學地分解為若干個小目標，落實到每天中的每一件事上，不失為一種智慧。

目標與心態

目標是積極心態的主要標誌。心態積極，必定是因為有目標，而目標又使心態更加積極。一個人要成就一番事業，就要有忍辱負重的精神，要有拼搏的勇氣和堅忍不拔的毅力，瞄準目標，奮鬥不息。

二戰期間，從奧斯維辛集中營活下來的人不到五％。根據有過親身經歷的猶太人心理學家弗蘭克的研究，大多數的倖存者，都是深知生命的積極意義的人。他們頑強地活下來的主要原因就是他們心裡都有一個明確的目標——「要做的事還沒有做完」，「要活著與愛的人重逢」。

弗蘭克的一個牢友在那個與死神相伴的環境裡，曾絕望地對他說：「我對人生沒有什麼期待了。」

「不是你對人生期待什麼。」弗蘭克說，「而是生命期待著你！什麼是生命？它對每個人來說，是一種追求，是對自己生命的貢獻。」他透過不斷地重複生命的目的、意義，使那位牢友拋開了悲觀的想法，重新點燃了生存下來的希望。

沒有脫離遠大人生目標的積極心態，也沒有消極心態產生的遠大人生目標。

「天下攘攘，皆為利往」，趨利避禍是人的天性。目標受利益趨動。此處所說的利益是廣義的，並非僅僅指「功、名、利、祿」，還有健康、尊嚴。利益會引發欲望，欲望成為一種需要確定的目的。

人只要活在這個世界上，每天都會有各種各樣的欲求、需要、事業、計畫、志向、夢想、願望、選擇、打算、目的、企圖、追求、任務、工作、責任、滿足等想法，我們都可以把它們叫做「目標」。

從這種意義上說，每個人都有他的目標，只不過目標的層次規模、時間性質內容，有所不同罷了。短的、小的目標，我們常叫做打算、想法；中的目標，我們常叫任務、計畫；遠的、大的目標，就是事業了。大到「為真理作證」，救黎民於水火；小到僅為了一頓飯，為了再來一杯水，這些都是目標。除非死了，活著本身就是一個目標。**正像人們常說的「有生命的地方就有希望，有希望的地方就有夢想」，有夢想的地方就有目標。**

抽象一點說，目標就是事物在時空中的某種方向性或趨勢性。

通俗一點說，目標就是你欲望的具體化，你的欲求。

說白了，目標就是你到底想要什麼。

我們從小受的教育有一個誤解，認為目標就是崇高的理想，只有大人物、科學家才配有「目標」。其實，在現實生活中，每個人都可以有目標，每一件事都可以設定目標，也應該有目標。目標反映了心態，心態決定了目標。

找對目標，就成功一半

一個人若是沒有明確的目標，以及達成這個明確目標的明確計畫，不管他如何努力工作，都像是一艘失去方向舵的輪船。

辛勤的工作和一顆善良的心，不足以使一個人成為獲得自救的人。因為，如果一個人並未在他心中確定他希望的明確目標，他又怎能知道他已經從失敗中躍出了呢？沒有目標，等於失去行動的方向。這個道理再簡單不過了，但為什麼有很多人總是找不到自己的目標呢？原因就在於他做事太老實，並且缺乏確定自己目標的能力。那些成功的人，做事一般都比較靈活，他們非常善於在行動之前，透過自己的思維和判斷來找到一個適合自己能力發展的目標，因為在他們看來，找準目標就等於成功了一半。

在工作中，有些人喜歡做到哪兒算哪兒，他們從來沒有一個長遠的計畫和明確的目標，這種弱點使他們被永遠地拒絕在成功者的門外。一個人只有先有目標，才有成功的希望，才有前進的方向。選擇生命中一個明確的主要目標，有心理上及經濟上的兩個理由。

一個人的行為總是與他意志中的最主要思想互相配合，這已經是大家公認的一項心理學原則。那些深藏在腦海中的主要目標，在我們下定決心要將它予以實現之際，它都將滲透到整個潛意識中，並且自動地影響到我們的外在行動。

人人都想成功，但是一個想要成功的人必須要有改變自己生活的欲望，要改變自己的生活須從培養期望做起，但光有強烈的期望還不夠，還得把這種期望變成一個目標。這就是說，你應該用想像力在頭腦裡把目標繪成一幅直觀的圖畫，直到它完完全全成為現實。

譬如說，你對自己在學校裡的成績不夠滿意，想改變自己的落後狀況，取得更高分數。那麼你就必須確立一個你所要的明確目標，而不是含糊其辭的想法。像「我想通過更多的課程」或者「我想取得更好的成績」的想法是不行的。你的期望必須是一種具體的目標：「這學期我一定要通過英文基測。」或者：「這學期我一定要得前十名。」

如果你的目標是想獲得更好的工作，你就必須把這個工作具體描述出來，並且自我限定準備哪一天得到這份工作。你不能對自己說：「我希望有一個更好的工作——也許是推銷員吧！」你必須用肯定的語氣說：「我希望有一個更好的工作，不錯，我想當推銷員。我要推銷某種商品。我就去找相關人員談談，向他請教請教，他已經做了幾年的推銷工作。然後我向應徵推銷員的七個公司寫自薦信，過一個星期，我再打電話給每家收信公司，請他們給我安排一次面談。」

如果你的目標是使家庭更加美滿幸福，你就必須確切地描述一下如何使你的婚姻狀況得到改善。你必須把你希望出現的那種美滿婚姻描述出來──希望與你妻子或丈夫進行某種推心置腹的談心；你為了改變生活而準備採取的某種行動；你們夫妻倆都能參加的某種活動。你還必須明確什麼時候進行這種談心，採取這種行動。

心理學上有一種「自我暗示」法，即運用潛意識將你的明確目標深刻印在頭腦中。拿破崙藉助此法，使自己從出身低微的科西嘉窮人，最後成為法國的君主。林肯也是藉助於同樣的方法，跨越了一道寬廣的鴻溝，進而走出肯塔基山區的一棟小木屋，最後成為美國總統。

潛意識也許可以比喻是一塊磁鐵，當它被賦予功用，在徹底與任何明確目標發生關係之後，它就會吸引住達成這個目標所必備的條件。在每一片草葉以及每一棵樹木身上，你都可看到這項原則的證據。橡樹的種子從泥土及空氣中汲取必要的物質，使它得以長成一棵橡樹。它不會長成一棵一半是橡樹、一半是楊樹的怪樹。

我們再從經濟的角度來考慮這個問題。如果一艘輪船失去了方向舵，而在海上打轉，它很快就會把燃料用完，而仍然到不了岸邊。但事實上，它所用掉的燃料，已經足夠使它來往於目的地好幾次。

一個人若是沒有明確的目標，以及達成這個明確目標的明確計畫，不管他如何努力工作，都像是一艘失去方向舵的輪船。辛勤的工作和一顆善良的心，尚不足以使一個人成為成功者。因為，如果一個人並未在他心中確定他希望的明確目標，他又怎能知道他已經獲得了成功呢？

在一個人選好工作上的一個明確的目標之前，他會把他的精力和思想浪費在很多專案上，這不但使他無法獲得任何能力，反而使他變得優柔寡斷而怯弱。他把所有能力組合起來，向著生命中一項明確目標前進時，他就充分利用了合作或凝聚的方法，進而產生巨大的力量。

一個人過去或現在的情況不重要，將來想要獲得什麼成就才最重要。除非你對未來有理想，否則做不出什麼大事。

目標是對於所期望成就事業的真正決心。目標比幻想好得多，因為它可以實現。

如果一個人沒有目標，就只能在人生的旅途上徘徊，永遠到不了終點。正如空氣對於生命一樣，目標對於拯救自己的人也有絕對的必要。如果沒有空氣，我們就不能生存；如果沒有目標，我們也不能成功。

養成事事計畫的好習慣

不要使自己成為一個靜止不動的平面，而要使自己成為一個向前流動著奔赴目標的圓輪，無論時代的風是乾燥的，還是潮濕的；是寒冷的，還是溫暖的；是粗魯的，還是輕柔的，我們都應該揚起生活的風帆朝著既定的目標前進。

但是，在追求目標的過程中，你還要養成事事計畫的好習慣，因為這種習慣的形成有利於你目標的實現。

偉大的人生，取決於偉大的目標

不同的目標就會有不同的人生。有一個叫約翰•戈達德的外國人，當他十五歲的時候，就把自己一生要做的事情列了一份清單，被稱做「生命清單」。在這份排列有序的清單中，他給自己明確了所要攻克的一二七個目標。比如，探索尼羅河、攀登喜馬拉雅山、讀完莎士比亞的著作、寫一本書等。在四十四年後，他以超人的毅力和非凡的勇氣，在與命運的艱苦抗爭中，終於實現了一〇六個目標，成為一名卓有成就的電影製片人、作家和演說家，得到了讓人羨慕的榮譽。

戈達德讓人感動之處，不僅僅是因為他創造了許多人間奇跡，做了許多有益於人類的事情，更重要的是他那種矢志不渝、堅韌不拔的奮鬥精神，那種熱愛生活。珍惜生命的人生態度，以及由「生命清單」而延伸出來的高品質的人生。

奮鬥的動力來源於定下的偉大目標，人的成功歸功於對目標孜孜不倦地投入。對一個健康人來說，列出一份「清單」不是一件難事，難就難在持之以恆，這必須要付出代價。戈達德為了實現目標，曾經十八次死裡逃生。

因此，每一個有志者，當務之急不僅僅是模仿一份「生命清單」，更重要的是要照著既定目標，永不退縮，最終實現有價值的人生。

首先，偉大的目標應該是一個長期的目標。沒有長期的目標，你可能會被短期的種種挫折擊倒。理由很簡單，沒人能像你一樣關心你的成功。你可能偶爾覺得有人阻礙你的道路，而且故意阻止你的進步，但是實際上阻礙你進步最大的人就是你自己。其他人可以使你暫時停止，而你是唯一能使你永遠做下去的人。

如果你沒有長期目標，暫時的阻礙可能構成無法避免的挫折。家庭問題、疾病、車禍及其他你無法控制的種種情況，都可能是重大的阻礙。

一般說來，偉大與接近偉大的差異就是領悟到如果你期望偉大，你就必須每天朝著目標工作。人格與信仰是每天不斷培養的結果。每天的目標是人格最好的顯示器——包括奉獻、訓練與決心。我們採取的偉大長期目標來幫助我們實現夢想裡的目標。

其次，偉大的目標還必須是堅定的。目標很重要，幾乎每個人都知道。然而，街上的一般人在人生的道路上，只是朝著阻力最小的方向前進，他們只能成為大多數的普通人，而不是「偉大的特殊人物」。

在陽光下，將放大鏡的焦點對準報紙，用不了多久，報紙就會燃燒起來。如果不停地晃動放大鏡，報紙永遠不會燃燒。這就是說，不管你具有多少能力、才華或能耐，如果你無法管理它，將它聚集在特定的目標上，並一直保持在那裡，那將無法發掘你的內在潛能，你將無法取得成就。

臥薪嘗膽、默想目標

春秋戰國時期，吳越相戰，結果是吳王夫差打敗了越王勾踐。勾踐稱臣，為夫差駕車。此喪國之痛，刻骨銘心。為此，勾踐暗下決心：假以時日，定滅吳國。於是，他每天強迫自己睡在柴草上，他每次睡前總要舔一下懸在「床」前的苦膽，心中默想越國打敗吳國、羞辱吳王夫差時的情景。終於，勾踐經過十年奮鬥、十年練兵。終於一舉打敗吳國，報了二十年的深仇。

越王勾踐臥薪嘗膽的故事告訴我們：你如果制定了目標，你就應當在付諸行動的同時，每天默想目標實現時的情形。如果目標一天不得實現，你就一天不得安寧。

曾經有人做過訓練跳蚤的實驗。當你訓練跳蚤時，把牠們放在廣口瓶中，用透明的蓋子蓋上，這時跳蚤會跳起來，撞到蓋子，而且是一再地撞到蓋子，當你注意觀察牠們的時候，你會發現一些有趣的事情。跳蚤會繼續跳，但是不再跳到足以撞到蓋子的高度。然後你拿掉蓋子，雖然跳蚤繼續在跳，但不會跳出廣口瓶以外。理由很簡單，牠們已經調節自己跳到那麼高，一旦如此，便不再改變。

人也一樣，不少人準備寫一本書，爬一座山，打破一項紀錄或做出一項貢獻。開始時，他的夢想與野心毫無限制，但是在生活的道路上，並非一切都那麼隨心所欲，他會好幾次碰壁。這時候，他的朋友與同事會消極地批評他，結果他就容易受到消極的影響。這也就是為什麼建議你要小心選擇那些跟你分享目標的人。

有趣的是，你也可能受世界上最積極的人的「消極影響」。例如，當路易士是世界重量級選手時，他一再用「消極的影響」去嚇唬他的競爭對手，他們往往還未上場，就驚駭得全身麻木，以致很容易成為技巧下的犧牲品。當約翰・烏登先生派加州大學的巨熊隊員進入籃球場時，他們的對手常常受「消極的影響」，以致在正式開賽以前新聞界就傳出了一面倒的消息，許多報紙的消息早已擬好，就等著把比賽分數往上填，這可能就是加州大學籃球隊在十二年中贏得十次全國錦標賽的原因之一。

從未設定目標的人，在生活各個方面都難以令人滿意。讓我們看看巴比倫成功學院給推銷員的忠告：**如果你以前從未設定目標，建議你由一種短期的目標開始。選擇你最好一個月，加上百分之幾的業績作為一個月的目標。在這個月裡選擇最好的一天，把它記下來，並且保存資料。在最好的一天裡，寫下你要打破的一個月目標，每天需要達成的平均目標。**

注意一點，要把目標適當地寫在一張或多張卡片上。你要把它寫得很清楚，以便於你閱讀每一行中的每一個字。將這些卡片保護好，並且隨時把這此目標帶在身邊，每天都要復習這些目標。

請記住：行動才是我們的目標。現在就開始拿出行動勇氣，衝破介於你跟目標之間的種種阻礙與難關吧！

善用一分一秒

魯迅先生說過：「時間是海綿裡的水，只要願意擠總會有的。」其實，在生活中有很多零散的時間是大可利用的，如果你能化零為整，你的工作和生活將會更加輕鬆。

「點滴」的時間看起來很不顯眼，但這些零碎的時間累積起來卻大有用場。每一個成大事者都離不開這樣一個好習慣：善用時間！

時間雖然是人人都有的，但它也絕對是因人而異的。一個百無聊賴的傢伙會覺得時間過得太慢，一個有工作要做的人又覺得時間過得太快。就是我們自己，有時候一天天地算日子，覺得時間慢，一年年算日子又覺得時間消逝得太快了，時間的表現不同。

人類發明鐘錶，是用來掌握時間、觀察時間的，更主要的是利用時間。年輕人想要成大事，就要掌握運用時間的本領，養成良好的時間習慣。

有一個年輕人自己開了一家顧問公司，一年接下約一三〇個案子，他每年旅行各地，有很多時間是在飛機上度過的。他相信和客戶維持良好的關係是很重要的。所以他常利用飛機上的時間寫短籤給客戶。有一次，一位同機的旅客在等候提領行李時和他攀談，他說：「我在飛機上注意到你，在二小時四十八分鐘裡，你一直在寫短籤，我敢說你的老闆一定以你為榮。」這個年輕人回答：「我就是老闆。」我不僅做事業上的老闆，還要學會做時間的「老闆」。

在實際生活和工作中不管你多麼有效率，總是有人會讓你等待：你可能錯過公車、地鐵、飛機，碰上出其不意的事；你也許已經盡可能地小心計畫每一件事，但是你可能意外地被困在機場，平白多了三個小時可利用。而所有成功人士在這種情況下所做的事是：「我帶一本書，我寫東西，我修改報告。我們可以在這樣的時間裡做任何的工作。」這樣，你不但挖掘出了你隱藏的時間，而且你也向成功者的行列邁近了一步。

其實，生活中有很多零散的時間是大可利用的，如果你能化零為整，你的工作和生活將會更加輕鬆。

所謂零碎時間，是指不構成連續的時間或一個事務與另一事務銜接時的空餘時間，這樣的時間往往被人們毫不在乎地忽略過去。零碎時間雖然短，但倘若一日、一月、一年地不斷累積起來，其總和將是相當可觀的。凡是在事業上有所成就的人，幾乎都是能有效地利用零碎時間的人。

偉大的生物學家達爾文曾經說：「我從來不認為半小時是微不足道的一段時間。」諾貝爾獎金獲得者雷曼的體會更具體，他說：「每天不浪費或不虛度或不空拋剩餘的那一點時間。即使只有五、六分鐘，如果利用起來，也一樣可以有很大的成就。」把時間積零為整，精心使用，這正是古今中外很多科學家取得輝煌成就的奧妙之一，也是我們應該從他們身上學到的優點之一。

我們經常會感到時間緊張，根本沒有時間做許多重要的事。其實並非如此，時間總是有的，關鍵看你有沒有發現它。三國時期的董遇是一個很有學問的人，他要前去找他求學的人先「讀書百遍，其義自見」。當求學者抱怨說「沒有時間」時，他則回答說：「當以『三餘』即『冬者歲之餘，夜者日之餘，陰雨者晴之餘』也。」這「三餘」的利用，正是零碎時間的聚積，以小積大，這是時間的獨特之處。

匯涓涓細流遂成大海，積點滴時間而成大業。事物的發展變化，總是由量變到質變的。「點滴」的時間看起來很不顯眼，但這些零碎的時間累積起來卻大有作用。

年輕人想要成大事，一定要學習前人，學會利用時間的好習慣，在學習和工作中使自己更充分地自我發揮，進而為自己的將來做好鋪墊。有這樣一種比喻：時間像水珠，一顆顆水珠分

變通

散開來，可以氣化，變成煙霧飄走；集中起來，可以變成溪流，變成江河。獲取高深的知識，沒有「捷徑」可走，只能靠平時一點一滴地累積，才能實現。學會運用時間的年輕人，一定會是將來事業上的成功巨人。

有效地安排每一分鐘

一分錢分成兩半花，是勤儉者持家的訣竅；把一天當成兩天用，是勤奮者成功的訣竅。

「今天這一天」不僅指二十四小時，應該還指現在的一小時或一分鐘。所以，要你「一整天去奮鬥」，也就是要你把握住現在的每一小時、每一分鐘去奮鬥的意思。扎實活過每一分鐘，是你迎向豐盛人生的開始。

成功的人重視每一天，也即意味著重視每一小時，重視每一分鐘，重視每一瞬間的意思。出身貧寒卻因為不斷努力而聞名世界的法國昆蟲學家法布林，是一個能在工作中發現生活意義的人。**法布林說：「忙得連一分鐘休息時間都沒有，對我來說才是最幸福的事，工作就是我最重要的生活意義。」**

他是非常努力的人，從少年時代對昆蟲產生興趣後，為了更深入研究，遂傾盡心力，即使一分一秒也不浪費掉，因此他最後完成了一部名著《昆蟲記》。

我們常常說：「今天一定要達到這個標準。」可是這不表示只要在今天結束以前能達到目標就好了。有一句話說：「時間就是現在」，其意思就是要我們現在立刻行動。

只要能夠養成珍惜每一刻而去努力的習慣，這樣累積下去，就會產生出好的結果來。扎實活過每一分鐘，是你迎向豐富生命的開始。你細細品味生活，就能怡然自樂。生活中其實沒有太多的意外，因為每一件事的發生都深具意義。這條看似陌生的道路，時時有新的挑戰，帶來不斷的衝擊，讓你成長。只要不因漸行漸遠而迷失方向，仍然堅持自己的信念，繼續努力，不論個人的目標是否清晰，都要認真活過每一分、每一秒。

從小到大，都有人告訴我們要活得「好」。你可能也知道，「好」來自於對自己和對別人的一份同情心的體貼。

你熱愛生命嗎？不要浪費時間，因為時間是組成生命的材料。如果想成功，必須重視時間的價值。

利用好時間是非常重要的，一天的時間如果不好好規劃一下，就會白白浪費掉，就會消失得無影無蹤，我們就會一無所獲。經驗顯示，成功與失敗的界線在於怎樣分配時間，怎樣安排時間。人們往往認為，這裡幾分鐘，那裡幾小時沒什麼用，但它們的作用很大。時間上的這種差別非常微妙，要過幾十年才看得出來。

但有時這種差別又很明顯，貝爾就是一個例子。貝爾在研製電話機時，另一個叫格雷的也在進行這項試驗。兩個人幾乎同時獲得了突破，但是貝爾到達專利局比格雷早了兩小時，這兩人是不知道對方的，但貝爾就因為這一二〇分鐘而取得了成功。

你最寶貴的財產是你手中的時間，好好地安排時間，不要浪費時間，請記住浪費時間就等於浪費生命。

集中精力在能獲得最大回報的事情上，不要花費時間在對成功無益的事情上。

掌握合理分配時間的秘訣

會合理支配時間，就等於節省時間。

你面前擺著一堆問題時，應該先問問自己，哪些是真正重要的，哪些是應優先處理的。如果你聽任自己被緊急的事情所左右，你的生活就會充滿危機。

時間與金錢一樣也要吝於使用，從某種程度上說，時間比金錢更加重要，金錢失去以後，還可以想辦法賺回來，可是時間一旦失去就再也追不回來了。比如，你想重溫一次青春歲月，這是無法做到的事，所以我們對時間一定要吝嗇地加以使用。

怎樣可以從投入的時間和精力中得到最大的報酬呢？你不妨試一試以下的方法：

■確定每天的目標，養成把每天要做的工作排列出來的習慣。把明天要做的最重要的幾件事，按其重要性大小編成號碼。明天上午頭一件事是考慮第一項，做起來，直到完畢。再做第二項，如此下去。如果沒有全做完，不要於心不安，因為照此辦法完不了，用其他辦法也是做不了的。

■最充分地利用你最顯效率的時間。如果你把最重要的任務安排在一天裡你做事最有效率的時間去做，你就能花較少的力氣，做完較多的工作。何時做事最有效率？各人不同，需要自己摸索。

■集中精力，全力以赴地完成最重要的任務。重要的不是做一件事花多少時間，而是有多少不受干擾的時間。全力猛攻，任何困難都可迎刃而解，零打碎敲，往往解決不了問題。一次只能考慮一件事，一次只能做一件事。

■不要做完人。不要求把什麼事都做得完美無缺，如書信中有幾個錯字，改一下即可，不必重謄。

■利用已派用處的時間。如將看病、理髮的等候時間，用來訂計畫、寫信。

■區別緊迫性和重要性。緊急的事不一定重要，重要的不一定緊急。不幸的是，我們許多人把我們的一生花費在較緊急的事上，而忽視了不那麼緊急但比較重要的事情。

■要有條理。如筆記要分類，以便查找。

■學會說不。事半功倍之道取決於懂得有所不為。要砍掉一切不必要的應酬和約會。

變通

■ 盡量利用簡便工具。如電話通資訊，只需幾分鐘，而信卻要好幾天。

■ 分配家務。做父母的如果不把一些家務分配給孩子做，那既是害孩子又害自己。

■ 適當地休息。一種工作做久了可以改換另一種，變換一下身體姿勢，從事一些休閒活動以消除疲勞，換得新的精力。

■ 擺脫消極情緒。

建立多層的人際關係

每個人都是一個獨特的世界，多與一個人交往，就是多闖入一個世界多一層人生的體驗，所以說你要建立多層的人際關係。

說到人際，也許首先想到的是朋友吧！學生時代的同班同學、前輩、同鄉朋友、朋友介紹的朋友。當然，這些故交也是一種人際。靠朋友的介紹建立起新客戶是不夠的。特別是，最好避開有直接生意利害關聯的事情，因為經常有不順利的時候朋友關係遭到破壞的情形。把老朋友作為內心的朋友，與生意劃開界線，長期交往為好。

立志經商做生意的人，不應該過分地依靠舊友，要不斷地建立新的人際。重要的是透過新的人際擴大自己的世界，擴大視野。不同行業、不同職業的人，或者不同年齡段的人，層次越多越好。年輕的時候與長輩，年長以後與年輕人交往最好。

怎樣才能建立起新的人際呢？為此，要有具體的行動。一言以蔽之，即積極地走出去，擴大與人交往的機會。

多與他人進行溝通

多與別人聊天也是一件很不錯的事，既可以增進人們之間的相互瞭解，又能增長知識，開闊眼界，有時候還能得到意外收穫。

參加各種各樣的聚會

不僅是公司，如果有不同行業的交流會之類，也要主動地參與。加入有關興趣的圈子也是極好的機會，其實這正是鞭策自己的場合。試著參與社交活動，會發現人生實際上是很快樂的。想把內心封閉起來的軀殼，一經行動便會被打破，一經打破，其後的事自會容易得多。

參加各種聚會時，要注意幾點：

互相舔舐傷口那樣的聚會不要參加。一邊聲稱學習、交流，一邊喝酒互訴牢騷，以求互相安慰的聚會，有百害而無一利，知道後要趕快溜走。

做聚會的積極參與者。有發言的機會時要積極地發言，提出各種方案。要使自己的存在得到好評，使自己獲得實質上的主宰地位。

給予勝過獲取。只求獲取，沒有給予的人會使人討厭。給予了自然就會有獲取的機會。給予別人情報與建議，自然會得到別人的回饋。

但是，凡事有利也有弊，值得注意的是交往廣，對人有好處也有壞處，關鍵在於你是和什麼樣的人交際。「近朱者赤，近墨者黑」說的也就是這個道理。

求人先求心

借力辦事，攻心為上。這是一條最重要、最關鍵的求人謀略。

在一個組織中任何求人行為，想要順利進行下去，都必須同時具備兩個先決條件：第一，你自己願意求諸他人；第二，他人願意接受你的請求。在某種意義上說，後者比前者顯得更重要，難度也更大。因為居於被請求地位的人，心態一般都比較複雜。所謂攻心為上謀略，其含義是指：你不僅需要準確瞭解對方的內心世界，而且還要在此基礎上，打動對方並進一步征服對方的心，使對方打心裡信你、敬你、服你、愛你，甘心情願為你效力。求人時若能做到這一步，絕非易事。

在通常情況下，一個心態正常的人，希望遇到一個怎樣的請求者呢？換句話說，他對請求者抱有哪些企望和要求呢？

根據心理調查資料分析，被請求者對請求者的企望和要求，按照由低到高的排列順序，主要有以下四個層次的心理追求：

追求安全——企望請求者公道正派，光明磊落，不整人，不害人，不栽贓陷害。

追求溫暖——企望請求者能關心自己的疾苦，體諒自己在生活上和工作上遇到的各種困難，尊重自己起碼的工作條件和生活條件。

追求信賴——希望請求者能夠充分理解自己，信賴自己，十分放心地讓自己去處理所委託的事情，甚至是一些極為重要的事，也能經常聽取自己提出的合理化建議，並能夠對自己說一些「知心話」。

追求事業——希望請求者和自己情趣相投，思想一致，能夠為自己獲取事業上的成功，提供一些方便條件。

老練的求人辦事者，不僅對他人在四個層次上的共同心理追求瞭若指掌，而且還對他們在不同層次上的特殊心理追求知之甚細。針對這些不同類型的被使用對象對自己抱有的各種心理追求，就能因人而異，投其所好，分別採取不同的攻心謀略。

讓他內心清爽愉悅

求人辦事貴在讓人覺得高興，如果他覺得難以忍受，不僅事沒辦成，而且人與人的關係更糟，因此，瞭解內心，讓他內心清爽愉悅是求人辦事的關鍵。

俗話說：「樹要皮，人要臉。」所謂「臉」，就是人的自尊。人如果沒有了自尊，那便無藥可救了。沒有自尊的人有兩種情況：一種是自己失去的，一種是叫人給毀傷的。

並且，自尊心受到毀傷的程度是不同的，有的屬於局部的，就是說，被害者的自尊心並未完全失去，他還能感覺到自己受了傷害，這樣他就必然記住傷害他的人，對之產生反感、厭憎乃至仇恨。

如果這個人是他的主管，他要麼積極地謀劃調離本部門，要麼採取「不合作主義」。只要是你說的話，你下的指示，他都不會盡心盡力、甘心情願地去辦。這樣一來，怎麼可能把工作做好呢？

另一類是全部的，就是說，被害者已經全然失去了自尊。他甚至感覺不到什麼叫自尊心受傷害。他自暴自棄，自甘墮落，什麼亂七八糟的事都做。到頭來，他本人是毀了，工作必然也大受影響。

傷人自尊心是辦事大忌，在你心情不好的時候，尤其要注意維護別人的自尊。只有讓被求者心裡痛快，人家才能真心實意為你辦事。

搭橋鋪路對心思

在社會活動中，人們會不同程度地有「求於人」的情況。怎樣才能使你的需求得到滿足，不致於被對方拒絕呢？這就需要你能夠巧妙地運用讚美，將對方引入你設定的情景，在求與被求的雙方心裡架上溝通的橋樑，然後提出你的要求，就會使你的要求成功地得到滿足。

讚美對方與你的需求相對應的能力或成績。一個人很有興致地談到他的專長，或他所取得的成績，或他所開展某項業務的輝煌時，你適時地提出與之相關的需求，在這樣的時刻，他拒絕你的可能性最小，你的要求得到滿足的成功率最大，這是經過心理學家及社會學家的實驗所證明的。那麼，當你有求於人時，就需要運用讚美，營造一個合適的氛圍，使你的需求最大可能和最大程度地得到滿足。

有一個人，他認識許多學術界的泰斗，並常常得到他們的指點。問及他們之間的相識，也是緣於讚美運用的得法。因為有很多人也曾拜訪過這些大師，但往往談不幾句便無話可說，很快被「趕」了出來，而他竟成為大師們的座上客，其中有奧秘自不待言。作為準備在學術領域有所建樹的他，自然也很仰慕這些大師，他得知拜訪這些人不易，在每次拜訪一位第一次見面的專家時，他先將這個人的專著或特長仔細研究一番，並寫下自己的心得。見面之後，先讚揚其專著和其學術成果，並且提出自己的想法。由於他談的正是大師畢生致力於其中的領域，自然也就激起大師的興趣，並有共同話題，於談話中，他又提出自己不理解的地方，請求大師指點，在興奮之際，大師自然不吝賜教，於是他既達到了結交的目的，又增長了許多見識，並解決了心中存在的疑惑，可謂一舉多得。

運用讚美，使其心情愉悅，然後再提出要求。一個人的心情在其交往過程中影響巨大，好的心情，會使一些本來難以處理的事情變的順利。那麼，在有求於陌生人時，就要運用讚美，使他或她的心情好起來，並對你談的問題感興趣。

趙強是某油漆股份有限公司的推銷員，這個公司剛剛開發出一種新型油漆，雖然廣告費用了不少，但收效甚微。這種新油漆色澤柔和，不容易剝落，防水性能好，不褪色，具有很多優點。趙強決定以市內最大的家具公司為跳板，來打開銷路。

這天，他直接來到這家家具公司，找到他們的總經理：「聽說貴公司的家具品質相當好，特地來拜訪一下。久仰你的大名，你又是傑出企業家之一，你經過這麼短的時間，就取得了這麼輝煌的成就，你的才幹肯定了不起。」總經理就向他介紹本公司的產品、特點，並在交談中談到他從一個販賣家具的小販，走向生產家具的公司的歷程，還領趙強參觀了他的工廠，在上漆廠裡，總經理拉出幾件家具，向趙強炫耀那是他親自上的漆，趙強順手將喝的飲料倒了一點在家具上，又用一件螺絲刀輕輕敲打，總經理很快制止了他的行為，還沒等總經理開口，趙強搶先說道：「這些家具造型、樣式是一流的，但這漆的防水性不好，色澤不柔和，並且易剝落，影響了家具的品質，不知對不對？」

總經理連連點頭稱是，並且提出，聽說趙強所在的公司推出新型油漆，但是不瞭解，沒有訂購。趙強從背包裡掏出了一塊六面都刷了漆的木板，只見它泡在一個方形的瓶子裡，還有另外幾塊上著各種顏色的漆的木板。趙強聲稱，泡在水中的木板，已浸了一個小時，木板沒有膨脹；說明漆的防水性好，用工具敲打，漆不脫落，放到火上烤，漆不褪色。於是這家公司很快就成了趙強公司的大客戶，雙方都從中受益。

在這則事例中，趙強一開始沒有直接稱讚自己的油漆多好，而是從讚美這家公司的產品入手，又讚美了總經理的奮鬥歷程。受到讚美的總經理非常高興，帶領客人去參觀其產品，趙強在其心情愉快之後，在工廠內，點出了該家具公司的產品的油漆性能差，直接影響到了家具的品質，並在此刻，展示了本公司最上乘的產品。相比之下，凸現了本公司的新型油漆。於是，總經理很自然地接受了其建議，趙強爭取了這家客戶，達到了推銷產品的目的。

攻人心，也要穩自己。求人辦事大多數情況下都是去到一個陌生的環境，與陌生的人打交道，此時有一個穩定的心理狀態是非常重要的，而有時穿著會對人的心理有影響，如果因穿著造成內心緊張，這樣對於事情的成功就會產生不良影響。

和初次見面的人約會，特別是在求人的場合中穿著新衣，許多人都認為這是尊敬對方的表現之一；但事實不然，有時反而會給人一種認為你矮人一截的印象。

服裝，可以反映一個人的性格，但穿著新衣或新鞋時，經常都會有好像不是自己的感覺，故有時連動作都會感到不自然，變得縮手縮腳。

因此，如果能事先料想到和初次見面的人約會時會緊張，穿著方面最好是選擇過去穿過，又自我感覺良好的衣服。如此情緒上便能比較輕鬆，見面時充滿自信，不會擔心自己穿著得不合體。

坐是一個非常重要的姿勢，它對求人成功與否也有重大影響。拱背而坐的人，不論如何都無法給人能幹的印象。就心理學的角度來看，拱背而坐的人，大都是性格內向，而且防禦性的傾向較強，亦即一般所謂之「孤僻」的人。所以在求人辦事的時候，注意自己的坐姿，挺胸抬頭，不卑不亢，也是穩住自己陣腳，獲得良好心理狀態的重要步驟。

只有首先穩住自己，才能在求人辦事過程中窺視別人，瞭解對方，採用最佳的攻心方法。此外，要「請」字當頭，最動人心。人處世間，難免有求人幫忙的時候，但對方能不能答應請求，那是另外一回事，一要看你與對方關係如何，二還得看看你攻心的技巧。運用請求的方法就有意想不到的效果。

多考慮對方的感情，容易說服他。讓別人辦事時，應該考慮對方的感情，看他是否樂意，心中有何想法，是否接受請求。因為人是感情的動物。我們主觀上講邏輯講道理，但不應該忽視感情這一點。如果你想跟別人建立成功的關係，就要考慮到別人的感情。

一位女士進一家鞋店買鞋。鞋店的一位男店員態度極好，不厭其煩地替她找合適的尺碼，但都找不到。最後他說：「看來我找不到適合你的，你一隻腳比另一隻腳大。」

那位女士很生氣，站起來要走。鞋店經理聽到兩人的對話，於是叫女士留步。男店員看著經理勸那女士坐下來，沒過多久一雙鞋就賣出去了。

女士走後，那店員問經理：「你究竟用什麼辦法做成這生意的？剛才我說的話跟你的意思一樣，可是她很生氣。」

經理解釋說：「不一樣啊，我對她說她一隻腳比另一隻腳小。」

經理也把真相告訴那位女士，但他考慮到她的感情，而且跟她說話時講究技巧，又帶著尊重。他從那位女士的角度看問題，所以成功了。看出別人的感情，然後以尊重的態度為別人考慮，這種本領真是十分有用的。只有站在別人的立場考慮問題，在請人辦事時才有可能被人接受，不致於一口回絕。

你需要知道別人的感受，並且在處理自己的事時把這點也考慮進去。不這樣做就是貿然行動，徒然讓別人看輕你。通常在你認為你有考慮別人的感受時，你真的在做的，只不過是想如果你站在他們的立場時，你會怎麼做。如果不再揣測別人的感受，又沒有從對方處得到足夠的訊息，你可能只會暴露對別人瞭解的不足。一旦你把這些莫須有的看法套在別人身上，別人就會對你失去信心，他們會因為你不瞭解他們而覺得受到傷害，有時候在極端的情況下，他們會覺得受到玩弄而變得反抗性十足。

你要注意每個人都有相當多不同的個人經驗，而在你能夠接近他們或者改變他們的看法之前，這些經驗構成了他們對事情的看法。要改變別人的態度，通常即意味著要開啟他們潛藏在背後的情感，然後提供更好、更有用的其他選擇給他們。

記住：對別人而言，你是站在圍牆的另一邊，他只能從他的利益觀點來看事情。考慮一下他的看法、感覺是什麼、還有為什麼。他知道他的問題在哪裡，大概相信比較起來你的問題還比較次要，這又有部分是源自每個人固有的孩子氣且以自我為中心的觀點。

如果你想要開始瞭解別人，你必須這樣做：讓他們說話，並試著讓自己站在他們的立場上，有求於人時更應如此。

向他靠近，縮短心理距離。在運用攻心方法時，只有縮短兩人之間的心理距離，才能提及自己的要求，並儘快達到自己的目的。

每個人都有這樣的同感，就是和初次見面的人對面談話，真是一件不好受的事。這是因為兩人的視線極易相遇，而導致兩人之間的緊張感增加。

一位富豪說過，如果有他不願意借錢的人向他借錢，他就會和他面對面交談。因為這樣談話會使對方緊張而不敢亂開口，即使借給了他也不敢不還。而相反的借錢不還的人，都是坐在旁邊位置談話的人。

與人交談時坐在旁邊的位置，自然就會輕鬆下來，這是因為不必一直意識到對方的視線，而只在必要時看他的視線即可。通常，比較重要的見面，都會為了使對方不緊張，並且令對方說出真心話而使用各種辦法，其中之一就是在室內放一盆花，以便有一個讓他轉移視線的對象。此外，就是坐在對方旁邊的位置與之交談，對親近感的增加很有幫助。「遠交近攻」，只有縮短雙方的心理距離，才能有效地實施攻心之術。如何讓人同喜同悲。每個人都有這樣的經驗，在出門上班前，如果家中發生了矛盾，整天的工作情緒一定會被破壞無遺。你會由於不愉快的心情，而對同事不滿。即使是未曾會見的客人，也會把他想成「討厭的人物」，找出許多理由，避免與之接洽。

這一切的不順遂，都起因於出門前家中所發生的矛盾。而這種不愉快的心情，不僅傳染給同事和初見面的客人，甚至影響這一天所看所聽到的事情。有的心理學家稱之為「感情的同一性」。上述情形，便是消極的同一性。相反的，就是積極的同一性。當你與自己所要求助的對象見面時，也要利用積極的同一性，保持愉快的心情，這樣自然能緩和緊張膽怯的情緒。

如何使自己快樂起來呢？你如果喜歡欣賞繪畫，就到附近的美術館走一走，如果喜歡玩遊戲機，就去玩一會兒，以培養愉快的情緒。著有《倫理哲學考》一書的哲學家斯坦因，在思路阻塞時，常常去看場電影，以此打通思路。如果一直關在書房裡，閉塞的思路仍然阻礙不通，無法產生靈感，當然就不能有新的思路。那些事業成功，善與人相處的人，都非常懂得如何將消極的同一性，轉換成積極的同一性。

注重感情投資

在求人辦事過程中，情感是一種無形的資產，巧妙地運用這種資產，會收到意想不到的回報。

很多朋友覺得，求人是一種短暫而快速的交易，何必花那麼多的冤枉心思去搞馬拉松式的感情投資？

這是十足的目光短淺，俗話說得好，「平時多燒香，急時有人幫」，「晴天留人情，雨天好借傘」。真正善於求人的人都有長遠的戰略眼光，早作準備，未雨綢繆，這樣在急時就會得到意想不到的功效。

好的人際關係是求人成功的基礎，但好關係的建立不是一朝一夕就能做到的，必須從一點一滴入手，依靠平日情感的累積。

變通

古人說：「積土成山，風雨興焉；積水成淵，蛟龍生焉。」只有透過不斷地建構和鞏固，人際關係才能牢固，情感投資，聚沙成塔。

有一位剛去美國的朋友來信說：「我們在那裡，沒有什麼社交生活，我們難得去看看朋友，這當然是因為我們初到異境，認識的朋友不多，但後來我聽說，其他的人也都是一樣的情形……」

「我們每星期工作五天，星期六和禮拜天都去了郊外，這是一種家庭式的生活。就是說，要去郊外，就跟自己的家人去。」

「我們不能利用假期去探望朋友，因為一到假期，誰都不在家，除非朋友是患病在床……」

「這樣，平時我們也不可能利用下班後的時間去看朋友，因為交通太擠。」

「但我們常常和朋友通電話，這是我們唯一可以列入應酬朋友的方法，我們無事也打電話，哪怕是寒暄幾句，或者講些無關緊要的事。」

「但是只要有事情，我們會立刻聚在一起，比方上星期鮑比（他的兒子）患肚子痛，我急忙起來打電話給醫生友人想辦法，他立刻駕車從七十里外趕到，初步診斷，認定他患了盲腸炎，就用他的車子送鮑比進醫院施手術……」

看了這封信，給人的最大的感想是，他懂得無事之時打電話找朋友，所以一有事時，朋友立刻就來幫忙。有事之時找朋友，人皆有之，無事之時找朋友，你可會有過？

你有沒有這樣的經驗：當你發生了一種困難，你認為某人可以幫你解決，你本來想立刻找他，但你後來想一想，過去有許多時候，本來應該去看他的，結果你都沒有去，現在有求於人就去找他，會不會太唐突了？甚至因為太唐突而遭到他的拒絕？

在這種情形之下，你不免有些後悔「平時不注重感情投資」了。

法國有一本名叫《政治家必備》的書。書中教導那些有心在仕途上有所作為的人，必須起碼搜集二十個將來最有可能做總理的人的資料，並且把它背得爛熟，然後有規律地，按時去拜訪這些人，和他們保持較好的關係，這些人之中的任何一個當上總理，自然就容易記起你，大有可能請你擔任一個部長的職位。

這種手法看起來不高明，但是非常合乎現實的，一本政治家的回憶錄中提到：一位被委任組閣的人受命伊始，心情很是焦慮。因為一個政府的內閣起碼有七、八名閣員（部長級），如何去物色這麼多的人去適合自己？這的確是一件難事，因為被選的人除了有適當的才能、經驗之外，最要緊的一點，就是「和自己有些交情」。要和別人有交情才容易得人賞識，否則任你有登天本事，別人也不知道呢？

變通

隨著人們生活步伐的不斷加快，大多數人沒有時間進行過多的應酬，日子一長，許多原本牢靠的關係就會變得鬆懈，朋友之間逐漸互相淡漠。這是很可惜的。所以你要珍惜人與人之間寶貴的緣分，即使再忙，也別忘了溝通感情。

面對「做不了的事情」

一位智者曾經說過：「世界上只有想不到的事情，沒有做不到的事情。」所以說，在做事時，你要勇敢向那些不可能的事挑戰才有可能達到自己的目的。否則美好的願望也只是空想。

在美國經濟大蕭條最嚴重時，在多倫多有一位年輕的藝術家，他全家靠救濟過日子，那段時間他急需要用錢。此人精於木炭畫。他畫畫得能力雖好，但時局卻太糟了。他怎樣才能發揮自己的潛能呢？在那種艱苦的日子裡，哪有人願意買一個無名小卒的畫呢？

他可以畫他的鄰居和朋友，但他們也一樣身無分文。唯一可能的市場是在有錢人那裡，但誰是有錢人呢？他怎樣才能接近他們呢？

他對此苦苦思索，最後他來到多倫多《環球郵政》報社資料室，從那裡借了一份畫冊，其中有加拿大的一家銀行總裁的正式肖像。

變通

他回到家，開始畫起來。他畫完了像，然後放在相框裡。畫得不錯，對此他很自信。但他怎樣才能交給對方呢？

他在商界沒有朋友，所以想得到引見是不可能的。但他也知道，如果想辦法與他約會，他肯定會被拒絕。寫信要求見他，但這種信可能通不過這位大人物的秘書那一關。這位年輕的藝術家對人性略知一二，他知道，想要穿過總裁周圍的層層阻擋，他必須投其對名利的愛好。他決定採用獨特的方法去試一試，即使失敗也比主動放棄強，所以他敢想敢做。

他梳好頭髮、穿上最好的衣服，來到了總裁的辦公室並要求見見他，但秘書告訴他：事先如果沒有約好，想見總裁不太可能。

「真糟糕，」年輕的藝術家說，同時把畫的保護紙揭開，「我只是想拿這個給他瞧瞧。」秘書看了看畫，把它接了過去。她猶豫了一會兒後說道：「坐下吧！我就回來。」

她立刻就回來了。「他想見你。」她說。

當藝術家進去時，總裁正在欣賞那幅畫。「你畫得棒極了，」他說，「這張畫你想要多少錢？」年輕人舒了一口氣，告訴他要二十五美元，結果成交了。（那時的二十五美元至少相當於現在的五百美元）

為什麼這位年輕藝術家的計畫會成功？

- 他刻苦努力，精於他所做的行業。
- 他想像力豐富：他不打電話先去約好，因為他知道那樣做他會被拒絕。
- 他敢想敢做：他不想賣給鄰居，而是去找大人物。
- 他有洞察力：他能投總裁對名利的愛好，所以選擇了他的正式肖像是明智的，他知道這肯定對總裁的口味。
- 他有進取心：做成生意後，他又請銀行總裁把他介紹給他的朋友。
- 他敢於另闢蹊徑，在採取行動前研究市場，認真估計第一筆生意後的事，他成功了。還有，最重要的一點就是他不害怕去做那些「做不了的事情」。

你敢做某事並取得成功時，那很少是走運的結果，而更可能是富有想像的思考和仔細的安排的產物。

最勇敢的事例之一應該是一九二七年美國飛行家林白的首次單獨不著陸橫越大西洋。林白當時二十五歲，冷靜地用自己的生命去打賭，他贏得了看起來是不可能的一搏。

起飛前他度過了一個不眠之夜。他從紐約長島駕駛著一架單引擎飛機起飛了，這架飛機裡擠滿了汽油桶，幾乎沒有他坐的地方，汽油的重量使得飛機負擔太重，在從紐約飛往巴黎的途中，想空降那是不可能的。

一路上大霧遮住了他的視線，當時沒有無線電讓他與地面保持聯繫，他擁有的只是一個指南針。好幾次他都睡著了，醒來時才發現飛機只有幾米距離就觸海了。透過計算，他在起飛三十三個小時後就橫越了大西洋，在巴黎機場安全降落了。人們歡聲雷動，這種熱情的場面實屬空前盛況。

是勇敢嗎？真不敢相信是這樣。

是魯莽嗎？絕對不是。

為了這次飛行，林白做了幾年的準備工作，訓練自己，準備自己的飛機「聖路易精神號」。他從威斯康辛大學退學出來學習飛行，加入飛行訓練隊；他得到空軍批准，可以在閑餘時間進行飛行；他作為美國航空郵政飛行員在白天黑夜、晴天雨天都飛行，行程多達幾萬英里；他曾經遇過險情，飛機被迫降在農田裡；他學會修理飛機引擎，並且懂得每個零件的工作原理。

「幸運的林白，」新聞媒介這樣稱呼他，「他敢打賭而且贏了。」他們這樣說。不！他的成功不是因為他走運，而是因為在冒險之前，他準備了自己，準備了飛機，而且是盡了最大努力。他相信自己能夠發揮潛能，能成功，他知道唯一能打敗他的只有命運的捉弄，這是我們任何人都無法控制的。

所以，在他有了準備後，他才敢作敢為。事實上，我們也能這樣做。

冒險是做事的資本

冒險，是對成功的一次嘗試，也是對機會的一次探索。如果你不敢在任何事上冒險，其實你就是在每件事上冒險了。

試想一下，不經過無數次的冒險，人類不可能從茹毛飲血的社會，進化到今天能夠坐在中央空調的房子裡品嘗咖啡的時代。

哥倫布發現新大陸，鄭和七下西洋，諾貝爾發明炸藥，哥白尼創立天體運動論，這些歷史上的著名事件，都開始於冒險。沒有冒險精神，人類就沒有創造，就沒有社會改革。只有帶著沉重的風險意識，敢於懷疑並且打破過去的秩序，透過冒險而取得勝利後，才能享受到成功的喜悅。

在我們身邊，隨時隨地都要冒險。如果你想騎馬趕路，就得拋開可能發生任何意外的想法。但為了趕路，你只有冒險，除非用兩腳徒步，否則別無他法。然而走路也有跌傷的時候，或因倦極而倒的情形。有人認為，這種情形只是在馬是唯一的交通工具的時代所抱的樂觀想法。殊不知，在我們這樣發達的社會，出門一步就危機重重。

假如你恐懼於交通事故的頻繁而不敢出門，就只有終日沉悶地待在家裡了。但是待在家裡，除了有糧食缺乏的危機之外，仍然沒有絕對的安全。隨著活動方式的增加，危險性也就成比例地產生。這麼說來，難道就不能活動了？打破沉悶，尋求新奇刺激，這是現代人的共同呼聲。現代人再也不安心過著平凡庸俗、千篇一律的生活了，古語「君子不近危樓」的說法，完全不再適用於現代社會了。

歌德年輕時希望成為一個畫家，為此他一直沉溺於那變幻無窮的世界中而難以自拔。四十歲那年，歌德遊歷義大利，看到了真正的造型藝術傑作後，他終於恍然大悟：放棄繪畫，轉攻文學。經過不斷的學習和摸索，歌德成為了一名偉大的詩人。晚年的歌德在回顧自己的成長過程時，曾經現身說法，告誡那些頭腦發熱的青年：不要盲目相信興趣。縱觀古今中外名人的成才史，似乎大多數人早期的自我設計都帶有一定盲目性：馬克思曾經想當詩人、魯迅曾經去日本學醫、安徒生想當演員、高斯曾經想當作家，但他們比常人高明的地方在於——他們能及時地調整自己的方向。

怎樣識別盲目的自我設計？最有效的鑑別方法是：價值。歌德就是意識到十多年的勞動毫無價值才斷定自我設計有誤的。這需要一個過程，甚至是一個痛苦的、付出了艱辛代價的探索過程。歌德感慨道：「要發現自己多不容易，我差不多花了半生光陰。」他又說：「這需要高度的神智清醒，它只有透過歡喜和苦痛，才學會什麼應該追求和什麼應該避免。」這裡不是堆砌故事，而實在是覺得，在我們身邊，確有不少人，他們為偏見與迷信的桎梏束縛著，他們盲目到不知自由，反而說別人不自由。冒險與危機具有深層次的關聯。危機就是危險之中蘊藏著機會。常人的機會，常人的成功，往往存在於危險之中。你想要美好的機會嗎？你想要事業的成功？那就要敢冒風險，投身危險的境地，去探索、去創造，不要瞻前顧後，不要害怕失敗。因為事業成功者都具有冒險一搏的勇氣與決心。

失敗是成功之母。每一個冒險行動的背後，免不了有失敗的影子，成功只是無數失敗中的分子，不是無數失敗中的分母。正常的規律是，無數的失敗換來一次成功，無數人的失敗換來一人成功。懼怕失敗，不冒風險，求穩怕亂、平平穩穩地過一輩子，雖然可靠、平靜，雖然生活「比上不足比下有餘」，但那是多麼的無聊。

冒險比墨守成規讓你更有機會

適者生存，不適者被大自然淘汰。是社會歷史發展永恆不變的法則。不論是生物學家還是經濟學家都承認，在一場激烈的競賽中，凡是不能適應者，都會被淘汰。

一億年前，地球上到處是體積碩大的恐龍。後來，地球上發生變故，恐龍在很短的時間中滅絕。迄今，科學家還不能確定究竟是發生了什麼樣的變故，但唯一能確定的事，就是恐龍因為無法適應這種變故，而遭致絕跡的下場。

商場如戰場，刀槍本無情，如果一個人在作戰的中途倒下，顯示其生存的條件不夠。不幸的是，在各個工作場所中，我們可以看到。仍然有太多的「恐龍式人物」存在。這些「恐龍人物」的特徵大致如下：頑固、嚴苛、立定不前、缺乏彈性。

在工作上，「恐龍族」最大的障礙，就是無法適應環境。在他們周圍有許多學習新技術、深造、更換職務、創新企業等機會，但是他們往往視而不見，根本無心去尋求新的突破。

工作與生活永遠是變化無窮的，我們每天都可能面臨改變，新的產品和新服務不斷上市、新科技不斷被引進、新的任務被交付，新的同事、新的老闆……這些改變，也許微小，也許劇烈。但每一次的改變，都需要我們調整心情重新適應。

面對改變，意味著對某些舊習慣和老狀態的挑戰，如果你緊守著過去的行為與思考模式，並且相信「我就是這個樣子」，嘗試新事物就會威脅到你的安全感。

「恐龍族」不喜歡改變，他們安於現實，沒有野心，沒有創新精神，沒有工作熱忱，他們對待生活的態度是做一天和尚撞一天鐘——得過且過。

「恐龍族」不肯承認改變的事實；他們不願為自己製造機會，而情願受所謂運氣、命運的擺布。因為不相信自己能掌握命運，所以會選擇錯誤，不是在平坦的道路上蹣跚前進，就是一輩子坐錯位置。**在現代社會，一個人能否獲得個人成就，關鍵是看他是不是願意嘗試，樂於冒險，喜歡試驗，能變通，這些才是獲得學習和進步的唯一途徑。**

還記得恐龍是怎樣從地球上消失的嗎？不要學做現代「恐龍」。

在風險中獵取機會

在人生的旅途中若不敢為事業而冒險，絕不可能有豐碩的成果。只有敢於冒險的人，才有可能在懸崖峭壁上築起登山之梯。

敢冒風險的人，才有最大的機會贏得成功。古往今來，沒有任何一個拯救自己的人會不經過風險的考驗。因為，不經歷風雨，怎能見彩虹，不去冒風險，又怎能把握住人生的關鍵呢？不要抱怨生活的不公平，機會是均等的，只是有些人有能力去抓，有些人不敢去抓，有些人甘願與它失之交臂。那些成功者自然是捕捉機會、創造機會的高手，而且他們慣於在風險中獵取機會！

機會常與風險並肩而來。一些人看見風險便退避三舍，再好的機會在他眼中都失去了魅力。這種人往往在機會來臨之時躊躇不前，瞻前顧後，最終什麼事也做不成。我們雖然不贊成賭徒式的冒險，但任何機會都有一定的風險性，結果因為怕風險就連機會也不要了，無異於因噎廢食。

最有希望的成功者不都是才華出眾的人，而是那些最善於利用每個時機去發掘開拓的人。他們在機會中看到風險，更在風險中逮住機會。

美國金融大亨摩根就是一個關於在風險中投機的人。

J・P・摩根誕生於美國康乃狄克州哈特福的一個富商家庭：摩根家族一六〇〇年左右從英格蘭遷往美洲大陸。最初，摩根的祖父約瑟夫・摩根開了一家小小的咖啡館，準備了一定資金後，又開了一家大旅館，既炒股票，又參與保險業。可以說，約瑟夫・摩根是靠膽識發家的。一次，紐約發生大火，損失慘重。保險投資者驚慌失措，紛紛要求放棄自己的股份以求不再負擔火災保險費。約瑟夫橫下心買下了全部股份，然後，他把投保手續費大大提高。他還清了紐約大火賠償金，信譽倍增，儘管他增加了投保手續費，投保者還是紛至遝來。這次火災，反使約瑟夫淨賺十五萬美金。就是這些錢，奠定了摩根家族的基業。摩根的父親吉諾斯・S・摩根則以開菜店起家，後來他與銀行家皮鮑狄合夥，專門經營債券和股票生意。

生活在傳統的商人家族，經受著特殊的家庭氛圍與商業薰陶，摩根年輕時便敢想敢做，頗富商業冒險和投機精神。一八五七年，摩根從德國哥廷根大學畢業，進入鄧肯商行工作。一次，他去古巴哈瓦那為商行採購魚蝦等海鮮歸來，途徑紐奧爾良碼頭時，他下船在碼頭一帶兜風，突然有一位陌生人從後面拍了拍他的肩膀：「先生，想買咖啡嗎？我可以出半價。」

「半價？什麼咖啡？」摩根疑惑地盯著陌生人。

陌生人立刻自我介紹說：「我是一艘巴西貨船船長，為一位美國商人運來一船咖啡，可是貨到了，那位美國商人卻已破產了。這船咖啡只好在此停留……先生！你如果買下，等於幫我一個大忙，我情願半價出售。但有一條，必須現金交易。先生，我是看你像個生意人，才找你談的。」

摩根跟著巴西船長一道看了看咖啡，成色還不錯。一想到價錢如此便宜，摩根便毫不猶豫地決定以鄧肯商行的名義買下這船咖啡。然後，他興致勃勃地給鄧肯發出電報，可是鄧肯的回電是：「不准擅用公司名義！立即撤銷交易！」

摩根對此非常生氣，不過他又覺得自己太冒險了，鄧肯商行畢竟不是他摩根家的。自此摩根便產生了一種強烈的願望，那就是開自己的公司，做自己想做的生意。

摩根無奈之下，只好求助於在倫敦的父親。吉諾斯回電同意他用自己倫敦公司的戶頭償還挪用鄧肯商行的欠款。摩根大為振奮，索性放手大幹一番，在巴西船長的引薦之下，他又買下了其他船上的咖啡。

摩根初出茅廬，做下如此一樁大買賣，不能說不是冒險。但上帝偏偏對他情有獨鍾，就在他買下這批咖啡不久，巴西便出現了嚴寒天氣。一下子使咖啡大為減產。就這樣，咖啡價格暴漲，摩根便輕輕鬆鬆地大賺了一筆。

從咖啡交易中，吉諾斯認識到自己的兒子是一個人才，便出了大部分資金為兒子辦起摩根商行，供他施展經商的才能。摩根商行設在華爾街紐約證券交易所對面的一幢建築物裡，這個位置對摩根後來叱吒華爾街乃至左右世界風雲產生不小的作用。

這時已經是一八六二年，美國的南北戰爭正打得不可開交。林肯總統頒布了「第一號命令」，實行了全軍總動員，並下令陸海軍對南方展開全面進攻。

有一天，克查姆——一位華爾街投資經紀人的兒子，摩根新結識的朋友，來與摩根閒聊。

「我父親最近在華盛頓打聽到，北軍傷亡十分慘重！」克查姆神秘地告訴他的新朋友，「如果有人大量買進黃金，匯到倫敦去，肯定能大賺一筆。」

對經商極其敏感的摩根立時心動，提出與克查姆合夥做這筆生意。克查姆自然躍躍欲試，他把自己的計畫告訴摩根：「我們先和皮鮑狄先生打招呼，透過他的公司和你的商行共同付款的方式，購買四千五百萬美元的黃金——當然要秘密進行；然後，將買到的黃金一半匯到倫敦，交給皮鮑狄，剩下一半我們留著。一旦皮鮑狄黃金匯款之事洩露出去，而政府軍又戰敗時，黃金價格肯定會暴漲；到那時，我們就堂而皇之地拋售手中的黃金，肯定會大賺一筆！」摩根迅速地盤算了這筆生意的風險程度，爽快地答應了克查姆。一切按計畫行事，正如他們所料，秘密收購黃金的事因匯兌大宗款項走漏了風聲，社會上流傳著大亨皮鮑狄購置大筆黃金的消息，「黃金非漲價不可」的輿論四處傳播。於是，很快形成爭購黃金的風潮。由於這麼一搶購，金價飛漲，摩根看見火候已到，迅速拋售手中所有的黃金，趁混亂之機又狠賺了一筆。

此後的一百多年間，摩根家族的後代都秉承了先祖的遺傳，不斷地冒險，不斷地投機，不斷地暴斂財富，終於打造了一個實力強大的摩根帝國。

機會常常有，結伴而來的風險其實不可怕，就看你有沒有勇氣去逮住機會。

要大膽，不要捆住自己的手腳

只有人，才能自覺地冒著失敗的危險去做應該做的事，若想在得到「不會失敗」的保證後投身行動，則將一事無成。

保羅・格蒂是石油界的億萬富翁、一位最走運的人，在早期他走的是一條曲折的路。他上學的時候認為自己應該當一位作家，後來又決定要從事外交部門的工作。可是，出了校門之後，他發現自己被奧克拉荷馬州迅猛發展的石油業所吸引，那時他的父親也是在這方面發財致富的。參與石油業偏離了他的主攻方向，但是他覺得，他不得不把自己的外交生涯延緩一年。作為一名盲目開發油井的人，他想試試自己的手氣。

格蒂透過在其他開井人的鑽塔周圍工作籌集了錢，有時也偶然從父親那裡借些錢（他的父親嚴守禁止溺愛兒子的原則，他可以借給兒子錢，但是送給他的只是價值不大的現金禮物）。

年輕的格蒂是有勇氣的，但不是魯莽的。如果一次失敗就足以造成難以彌補的經濟損失，這種冒險事他從來沒有做過。他頭幾次冒險都徹底失敗了，但是在一九一六年，他碰上了第一口高產油井，這個油井為他打下了幸運的基礎，那時他才二十三歲。

是走運嗎？當然。然而，格蒂的走運是應得的，他做的每一件事都沒有錯。格蒂怎麼會知道這口井會產油呢？他確實不知道，儘管他已經收集了他所能得到的所有事實。「總是存在著一種機會的成分的，」他說，「你必須樂意接受這種成分。如果你一定要求有肯定的答案，你就會捆住自己的手腳。」

走運的人一般都是大膽的。除了個別的例外情況，最膽小怕事的人往往是最不走運的。幸運可能會使人產生勇氣，反過來勇氣也會幫助你得到好運。

黃金時間

機會對勤奮者來說是均等的，為什麼沒有人得到？關鍵在於他做事太老實，缺少敏感，沒有抓住迎面而來的機會。

看準時機是成功的真諦。美國學者亞瑟‧戈森曾經問著名演員查理斯‧科伯恩：「一個人如果想要在生活中獲得成功，需要的是什麼？大腦？精力？還是教育？」

查理斯搖搖頭，說：「這些東西都可以幫助你成功，但是我覺得有一件事更重要，那就是：看準時機。」他解釋，演員在舞台上，是行動或是按兵不動，是說話或是緘默不語，都要看準時機。「在舞台上，每個演員都知道，把握時機是最重要的因素。我相信在生活中它也是一個關鍵。如果你可以掌握審時度勢的藝術，在你的婚姻、你的工作以及你與他人的關係上，就不必去追求幸福和成功，它們會自動找上門！」

亞瑟・戈森曾經一針見血的指出：「有多少生活中的不幸和壞運氣，只不過是沒有看準時機！」每個人的成功故事，都取決於某個關鍵時刻，這個時刻一旦猶豫不決或退縮不前，機會就會失之交臂，再也不會重新出現。

麻薩諸塞州的州長安德魯在一八六一年三月三日給林肯的信中寫著：「我們接到你們的宣言以後，就立刻開戰，盡我們的所能，全力以赴。我們相信這樣做是美國和美國人民的意願，我們完全拋棄所有的繁文縟節。」一八六一年四月十五日那天是星期一，他在上午從華盛頓的軍隊那裡收到電報，第二個星期天上午九點鐘他就做了這樣的記錄：「所有要求從麻薩諸塞州出動的兵力，已經駐紮在華盛頓與門羅要塞附近，或是正在往保衛首都的路上。」

安德魯州長說：「我的第一個問題是採取什麼行動，如果這個問題得到回答，第二個問題就是下一步應該做什麼。」

英國社會改革家約翰・羅斯金說：「從根本上說，人生的整個青年階段，是一個人個性成型、沉思默想和希望受到指引的階段。青年階段無時無刻不受到命運的擺布——某個時刻一旦過去，指定的工作就永遠無法完成，或是如果沒有趁熱打鐵，某種工作也許永遠都無法完成。」

拿破崙非常重視「黃金時間」，他知道，每場戰役都有「關鍵時刻」，把握這個時刻，意

味著戰爭的勝利，稍有猶豫就會導致災難性的結局。拿破崙說，之所以能打敗奧地利軍隊，是因為奧地利人不懂得五分鐘的價值。據說，在滑鐵盧企圖擊敗拿破崙的戰役中，那個性命攸關的上午，他和格魯希因為晚了五分鐘而慘遭失敗。布呂歇爾按時到達，而格魯希晚了一點。就因為這一小段時間，拿破崙就被送到聖赫勒拿島上，進而使成千上萬人的命運發生改變。

化公為私的非洲協會想派旅行家利亞德到非洲，人們問他什麼時候可以出發。他回答說：「明天早上。」有人問愛德華八世（即後來著名的溫莎公爵），他的船什麼時候可以加入戰鬥，他回答說：「現在。」科林·坎貝爾被任命為駐印軍隊的總指揮，被問及什麼時候可以派部隊出發的時候，他毫不遲疑的說：「明天。」

與其費盡心思的把今天可以完成的工作，千方百計的拖到明天，還不如用這些精力把工作做完。工作拖得越晚，就越難以完成，做事的態度就會越勉強。心情愉快或熱情高漲時可以完成的工作，被推遲幾天或幾個星期以後，就會變成苦不堪言的負擔。收到信件時沒有立刻回覆，以後再回信就不是那麼容易了。許多公司都有這樣的制度：所有信件必須當天回覆。

當機立斷經常可以避免做事情的乏味和無趣。拖延則通常意味著逃避，其結果往往是不了了之。做事情就像春天播種一樣，如果沒有在適當的季節行動，以後就沒有適合的時機。無論夏天有多長，也無法使春天被耽擱的事情得以完成。

「沒有任何時刻像現在這樣重要，」愛爾蘭女作家瑪麗・艾吉奇沃斯說，「不僅如此，沒有現在這一刻，任何時間都不會存在。沒有任何一種力量或能量，不是在現在這一刻發揮著作用。如果一個人沒有趁著熱情高昂的時候採取果斷的行動，以後他再也沒有實現這些願望的可能。所有的希望都會消磨，都會淹沒在日常生活的瑣碎忙碌中，或是會在懶散消沉中流逝。」

人們渴望機會，但是機會之於人，卻往往只是短暫的一瞬。能否抓住機會，關鍵在於瞬間的抉擇。你千萬不要放過機會，因為在人的一生中，沒有太多的機會。

最好的牙刷

機會是一個俏麗、調皮而任性的小姐，她只鍾情於積極、永不懈怠的追求者。勇敢向命運挑戰的人，終將得到她的青睞。

日本獅王牙刷公司的職員加藤信三為了趕去上班，一刷牙，牙齦被刷出血。他怒氣沖沖，在上班的路上，仍然是一肚子的牢騷和不滿。在火氣平息以後，他就和幾個要好的同事提及此事，並且相約一起想辦法解決刷牙容易傷及牙齦的問題。

他們想了不少解決牙齦出血的問題，例如：牙刷毛改用柔軟的狸毛；刷牙前先用熱水把牙刷泡軟；多用一些牙膏；慢慢的刷牙……效果都不太理想。他們進一步仔細檢查牙刷毛，在放大鏡底下發現，刷毛的頂端不是尖的，而是四方形的。「把它改成圓的，不就可以了！」加藤信三想到這個辦法，於是他們著手進行。

經過實驗以後，他們正式向公司提出這個改變牙刷毛形狀的建議，公司很樂意改進自己的產品，就把全部牙刷毛的頂端改為圓形。改進以後的獅王牌牙刷在廣告的作用下，銷路極好，連續暢銷十多年之久，銷售量佔全國同類產品的三〇%　四〇%，加藤信三也由職員晉升為科長，十幾年後成為公司的董事長。

我們可以這樣說，沒有問題，就沒有機會。牙刷不好，這是一個許多人都發現但是沒有想辦法解決的問題，所以機會就不屬於他們。加藤信三既發現了問題，又想辦法解決問題，牙刷不好的問題對他來說，就是一種機會。

此外，尋找時機，既要敢於冒險，也要有自知之明，要根據自己的條件與可能。**日本一位心理學專家指出：「青年在不能確認自己的情況下，所進行的活動和實踐，只是一種逃避和消遣。從這個意義上說，青年首先必須從正視和分析此時此地的自我開始。」**「確認自己」，就是認識自己。認識自己是認識機會的先決條件。有志於做一番事業的年輕人，都渴望在社會中實現自己的價值。

我們經常說的「確定奮鬥目標」，實際上就是依據自己的價值觀念，考察自己的價值到底在哪一領域中才得以最充分的實現，進而確定自己的最佳發展方向。這個考察過程需要學識與經驗，然而，更需要的卻是勇氣——敢於面對人生、敢於無情的解剖自己、敢於對自己講真話的勇氣。

人的一生，總會有幾個大的轉機。有大的轉機，必然會有大的變化。沒有大的變化，就沒有大的發展。想要有大的發展，就要善於抓住時機。**哲學家培根說過：「造成一個人幸運的，正是他自己。」**

培根說：「幸運的機會就像是銀河，它們作為個體是不顯眼的，但是作為整體卻光輝燦爛。」只有抓住一個一個「不顯眼」的時機，才可以獲得光輝燦爛的成功。

總而言之，一個人想要擁有成功的機會，只能靠本領去尋找機會，不能等機會來尋找你。

不放棄萬分之一的機會

沒有機會只是弱者逃避現實的一種藉口，抓住機會才是開拓者強勁的誓言。

在瞬息萬變的現代社會中，機會無處不在，關鍵是看你是否善於把握它。有些人因為適當的抓住時機，一躍而上，踏上成功的天橋；有些人卻因為一葉障目，錯失在眼前晃動的機緣，一生碌碌而過。

成功＝勤奮＋機會，機會是世界富豪成功路途上不可缺少的一個部分。俗話說，「時勢造英雄」。這個「時勢」從某種意義上來說，就是機會。一個人若是有本領、有實力，而且勤奮刻苦，但是卻沒有遇到適合的機會，就像一個人經過艱苦跋涉，來到一座富藏金礦的山下，卻只能在山下亂晃，因為沒有人為他指點進山的道路。

所以，在某種意義上，時機就是一種巨大的財富。

變通

美國但維爾地方的百貨業鉅子約翰•甘布士認為，機會無處不在，有時也許只有萬分之一的可能，但是它畢竟存在。只要用鍥而不捨的爭取，就可以有所收穫。

他的座右銘是：「不放棄任何一個哪怕只有萬分之一可能的機會。」

有一次，甘布士要搭火車到紐約談一筆生意，由於事情匆忙，沒有預先訂票，甘布士夫人就打電話到車站詢問是否還可以買到當日的車票。

由於當時正值聖誕節前夕，去紐約度假的人很多，車票早早的就被搶購一空。站務人員的答覆是沒有車票了，但是站務人員說，如果有急事一定要走，可以到車站來碰碰運氣，看看是否有人臨時退票，不過這個可能性很小，因為在這個時候，很少有人臨時退票。

甘布士夫人沮喪的放下電話，向甘布士轉述站務人員的答覆。她認為今天一定不能走了，只有等明天的火車。

甘布士卻依然不慌不忙的收拾行李，提著皮箱，準備去車站。甘布士夫人連忙攔住他，問：「約翰，不是買不到票了嗎，你還去車站做什麼？」

甘布士回答：「不是還有退票的可能嗎？」

「可是這種可能性很小，只有萬分之一啊！」

「我就是想抓住這萬分之一的機會，祝我好運吧！」說完，甘布士戴上帽子，頂著風雪，前往車站。

甘布士到了車站，站在月台上，等了很久，仍然沒有退票的人。但是他沒有著急，而是耐心的等著，同時還利用這個時間，仔細考慮即將談判的生意的各個細節。

大約距離開車還有五分鐘的時候，一個女人急忙的跑來。因為她家裡有突發事件，所以她不得不將票退掉，改坐第二天的火車。

於是，甘布士掏錢買下那張車票，及時趕到紐約。在紐約的飯店中，他打電話給他的妻子：「親愛的，我已經躺在飯店中舒適的床上，我抓住了你認為的只有萬分之一的機會。」

當年，約翰・甘布士還是一家織造廠的小技師的時候，有一次，但維爾受到經濟危機的衝擊，生意蕭條，許多的工廠與商店紛紛倒閉，被迫將自己的庫存商品以極低的價錢拋售，以求減少損失。

甘布士見此情形，立即把自己積蓄的錢全部拿出來，收購那些拋售的商品，並且租了一個很大的倉庫來貯存這些貨物。不久之後，他的大倉庫裡就堆滿各種品質不錯但是價錢極其便宜的商品。

當時，許多人都覺得他的舉動太過奇怪，近乎愚蠢，都紛紛嘲笑他。甘布士夫人也不斷的勸他：「約翰，這些錢是我們辛辛苦苦存的，還有很多的用處。你現在全部用來買這些沒有用的東西，不是在往無底洞裡扔嗎？萬一收不回來，我們的下半輩子怎麼過啊！」

但是甘布士不擔憂，他反過來安慰他的妻子：「別急，別急，我保證不出三個月，這些你所說的『廢物』就會讓我們發大財。」

又過了十幾天，工廠即使再降低價錢，也找不到買主。於是，工廠老闆只有將所有的存貨燒毀，以穩定物價。

不久之後，由於經濟危機嚴重影響政府的利益，政府開始採取緊急行動，穩定物價，並且大力支持各個工廠復工，情況一天一天的好轉。

這時，甘布士立刻將自己庫存的商品拿出來銷售。因為以往銷毀的貨品太多，導致經濟恢復以後貨物的匱乏，於是物價飛漲，甘布士因此賺了一大筆錢。

後來，甘布士用賺的錢開設幾家百貨商店，在他的苦心經營下，生意發展得很快。如今，他已經是全美國舉足輕重的商業鉅子。

他在一次採訪中，對那些想創業的青年說：「我認為你們應該重視那萬分之一的機會，因為它將給你帶來意想不到的成功。有人說這是傻子行徑，比買彩券的希望還渺茫。這是有失偏頗的。因為買彩券完全是你去碰運氣，而這萬分之一的機會需要你自己努力的把握。但是，你們也必須注意，想要抓住這萬分之一的機會，就必須注意兩點：一是要目光長遠，沒有高瞻遠矚的眼光，就無法抓住任何一個機會；二是要鍥而不捨，沒有持之以恆的毅力和百折不撓的信心，即使你抓住機會，也是無濟於事。只要注意這兩點，你們就可以成為日後商界的新星！」

不要放棄可以參與的每一次機會。要相信，凡有所嘗試，必有所收穫。

良好的機會，在於自己的創造

經常會聽到有些人埋怨命運不公平，總是覺得自己等不到機會。看到別人的成功，總是歸因為「運氣好」。實際上，機會對每個人都是公平的。

一般說來，凡是成大功、立大業的人，往往不是幸運之神的寵兒，反而是「沒有機會」的苦命孩子。

在人類歷史中，沒有一件事比人們從困苦中成就功名的故事更吸引人——人們怎樣從黑暗的夜晚到達光明的世界？怎樣脫離痛苦、貧困？他們雖然只有中等資質，但是由於有堅強的意志以及不斷的努力，進而達到目標。

因此，唯有創造機會的人，才可以建立轟轟烈烈的豐功偉業。成功者經常說：「我總有機會！」失敗者的藉口是：「我沒有機會！」失敗者經常說，他們之所以失敗，是因為缺少機會，是因為沒有成功垂青，好位置只好讓別人捷足先登，等不到他去競爭。

可是有意志的人絕不會找這樣的藉口，他們不等待機會，也不向親友們哀求，而是靠自己的努力去創造機會。他們深知，唯有自己才可以給自己創造機會。

亞歷山大在某一次戰鬥勝利以後，有人問他，是否等待機會來臨，再進攻另一個城市，亞歷山大聽了這句話，竟然大發雷霆，他說：「機會？機會是要靠我們自己創造出來的。」創造機會，就是亞歷山大之所以偉大的原因。如果一個人做一件事情，總要等待機會，那是極危險的。一切努力和熱望，都可能因為等待機會而付諸東流，機會最終也不可得。

有人認為，機會是打開成功大門的鑰匙，一旦有了機會，就可以穩操勝券，走向成功，但是事實並非如此。無論做什麼事情，就算有機會，也需要不懈的努力，才有成功的希望。

在社會生活中，到處有大批失業的人群，好像是社會對勞動力的需求不足，但是事實上，卻同時有許多空缺的職位。在每種職業的門口，都有「誠徵員工」的廣告。當然，企業界所招聘的是受過更多訓練的人們，是更出色的經理和主管，企業界要求人格更完善的人才。

人們往往把希望要做的事業，看得過於高遠。其實，最偉大的事業，只要從最簡單的工作開始，一步一腳印的前進，就可以到達事業的頂峰。

如果你看了林肯的傳記，瞭解了他幼年時代的境遇和他後來的成就，會有何感想呢？他住在一所極其簡陋的茅舍裡，既沒有窗戶，也沒有地板，以我們今天的觀點來看，他彷彿生活在荒郊野外，距離學校非常遙遠，既沒有報紙、書籍可以閱讀，更缺乏生活上一切必需品。就是在這種情況下，他一天要走二、三十公里的路，到簡陋不堪的學校上課；為了自己的進修，要走一、二百公里的路，去借幾冊書籍，晚上又要靠著燃燒木柴發出的微弱火光來閱讀。林肯只受過一年的學校教育，處於艱苦卓絕的環境中，竟然可以努力奮鬥，成為美國歷史上最偉大的總統，成為世界上最完美的模範人物。

偉大的成功和業績，永遠屬於富有奮鬥精神的人們，而不是一味等待機會的人們。應該牢記，良好的機會完全在於自己的創造。如果以為個人發展的機會在別的地方，在別人的身上，就一定會遭到失敗。

機會包含在每個人的人格之中，正如未採的橡樹包含在橡樹的果實裡一樣。「我沒有機會」，這位生長在窮鄉僻壤的孩子，怎麼會進入白宮，怎麼會成為美國總統？同一時代生長在有圖書館和學校的環境中的孩子，其成就反而不如茅舍裡的苦孩子，又該如何解釋？那些出於貧民窟的孩子們，有些不是做了議員嗎？有些不是做了銀行家、企業家、商人嗎？有許多商店和工廠，不就是由那些「沒有機會」的孩子們，靠著自己的努力而創立的嗎？

所以，永遠不要說「我沒有機會」，而是要學著發現機會、創造機會、抓住機會，你才會受到機會之神的青睞。

「我」是最重要的

船無動力，只能任憑海浪擺弄；人無信心，必然會在社會的風浪中沉毀。所以說，無論什麼時候，你都要學會建立自信，因為信心是戰勝一切的法寶。

相信自己是獨特的

沒有人可以成為你，你也不可能成為任何人，在這個世界上，你是獨一無二的。

拿破崙・希爾曾經做過一個實驗：有一次，他召開一個討論青少年自尊的研討會。在會議上，他請八個自願者上台，發給他們每個人一個標明自己身分的牌子，讓他們掛在自己的胸前，牌子上的身分，是他們假想的社會身分：母親、嬰兒、太空人、工人、搖滾歌星、棒球選手、醫生和律師。最後，他請這些人按照自認為身分重要的順序排成一排。

但是，這個他們本來認為只是「好玩」的遊戲，最後卻變成「星球大戰」，八位學員很認真的展開一場身分爭奪戰，他們每個人都認為自己很重要。

「太空人」說：「我應該站在最前面，因為我曾經去過你們沒有去過的地方。還有，我可以給你們找到另外一個適合居住的星球，因為這裡太擁擠了。」

「搖滾歌星」走上來，推開「太空人」，說：「我早就去過太空了，而且我有的是錢，我能把你買下來，讓你當我私人飛機的駕駛員。」

這時，「棒球選手」走了上來，說：「我覺得我應該站在最前面，我和歌星賺的一樣多。而且，在每個球季，我都在觀眾的面前表演健康活動，對你們都有好處。」

接著，輪到「醫生」上場了，他說：「我應該站在最前面，你們之中如果有人受傷或是生病，都是我負責治療你們，而且，我賺的錢也很多。」

「母親」走上來，說：「不，我才是最重要的，因為是我給了你們生命。」

「嬰兒」也說：「我應該排在最前面，因為無論你們是什麼樣的地位，都經過嬰兒這個階段。然後，我們才可以成為其他任何人。」

最後，還有「工人」。但是擔任「工人」的這位學員，好像知道自己根本不用和別人爭名次，他知道，只要他一說話，一定會引來一陣嘲笑。這只不過是一場遊戲而已，「工人」知道自己不可能排到第一名，於是就自動地站到隊伍的最後面。

遊戲結束之後，拿破崙・希爾說出自己對他們的要求：「我確實希望你們可以根據自己的重要性來排好位置，但是我不希望你們互相攻擊，爭奪稱王的位置。我只是想讓你們拉著手，共同組成一個新生的圓圈，站在大家面前。無論他的外表怎樣，也無論他從事什麼工作。你們之中的任何一個人，都和其他人的價值相同。」這對他們來說，是一種全新的觀點。

在現代社會裡，人人都以自我為中心，這是一種「自我陶醉」的現象。從以自我為中心，到以「我們」為中心，這是一種艱苦的轉變。但是要注意的是，健全的自尊和自我陶醉是截然不同的。

自尊，強調的是尊重，強調重視自我的存在價值。尊重，是我們的能力基礎，它讓我們有能力愛別人，進而完成一項很有價值的景觀。為什麼我們對宇宙的浩瀚心存敬畏，而對我們自己卻輕視呢？難道不是同一個造物主創造我們嗎？我們可以思考，可以改變自己的環境，還可以愛別人，難道不是萬物中最傑出的嗎？

所以，請記住，你是造物主的傑作，只有你的內心充滿愛，你才可以愛別人。

用積極的心理暗示來建立自信

信心像一把鐵鍬，可以鏟平人生路上的荊棘。失去信心，生活就像斷了弦的琴。這時，你就要學會用積極的心理暗示來建立自信。

切忌說「反正」和「畢竟」

「反正」和「畢竟」是失去鬥志的先兆，對於消極逃避的人來說，用「反正」和「畢竟」來表達自己的心情，是很自然的。

工作遇到麻煩，或是學習不順利的時候，一般人都會說：「反正……」「畢竟……」或是「反正我知道不行了……」「總之，我無能為力……」這是一種被拒絕後很正常的心理活動。這些話說出口之後，好像就已經卸下一個心理重擔，本來還可以做好的事，也放棄不做了。這些詞的同義語就是放棄，或是停止思考。所以，說完這些話之後，自己的缺點就被認同了，再也無法向前跨出一步，從此就被困在自己定義的模式裡。

如果你正好是這種情況，你必須立刻把這些話語從你的詞典裡刪去。就算它們後來偶爾還會出現在你的腦海裡，你也要避免運用它，才會有助於建立你的自信。

不要反覆使用負面的辭彙

用自我暗示、心理暗示的手段來治療疾病，這是精神治療法的創始人、法國的艾米爾•庫恩博士告訴我們的。自我暗示的秘訣，就在於不要反覆使用負面的辭彙。「痛苦消失，消失，消失」要比「痛苦消失，痛苦消失，痛苦消失」的效果好得多，因為後面的一句話，給人一種本能的嫌惡之感。盡量少用甚至不用負面的辭彙，其心理暗示的效果更好。

這種方法不僅適用於心理治療過程，也適用於日常生活中。我們經常會看到有些人擔心自己的考試成績，總是說自己可能會不及格，結果果真如此。所以，有負面效應的辭彙，還是不說為好。如果你真的已經考不好，還不斷的重複著說：「留級，慘了。」你有可能真的成為人生的落後生，或是一個廢物。就算真的遇到非說不可的情況，你最好也用「那件事」來代替，就可以消除不愉快的情緒。

振奮精神

一個人最可怕的是孤獨，最不幸的莫過於失去信心。

有一個印度人，因為偷東西，被人捉到，但是他卻一點都不感到羞愧，反而理直氣壯的說：「如果我已經逃走了，那才算是偷，我現在不過是拿了一樣東西，大不了還給你們。」說完，他就大大方方的走了。當然，我們不是鼓勵偷竊。不過，這個小偷的邏輯很有道理，他的情況確實對他很不利。但是他本人卻不承認，如果換了別人，雖然還沒有陷入絕境，但是心裡已經軟弱了，結果就會任憑人家擺布。

現代人的思路都有越來越強的傾向，很容易輕易認輸，但是不能就這樣簡單的放棄人生，在某種情況下，必須堅持下去。拿破崙・希爾認為，做任何事的時候，都不應該在行動之前先產生畏懼心理。這樣，無異於還沒有行動就已經認輸，喪失了鬥志和動力，那就無可救藥了。

不順利的時候，對自己說話

有很多僑居國外的人，最後都罹患神經衰弱症。原因就在於，他們的外語不夠流利，不願意和外國人接觸，結果說話的機會越來越少。也就是說，他們沒有暢所欲言的機會，語言就是用來表達內心思想的，但是因為講話的機會不多，所以不能發揮語言的功能。

另外一些人卻很快適應在國外的生活，他們單獨留在公寓裡的時候，就盡量和自己說話，以減輕自己內心的挫折感和苦悶。老實說，就算住在國外，也不一定要講外國的語言，如果可以妥善的運用本國的語言，也不致於罹患神經衰弱症。

這個方法和在別人面前直接述說心事完全不同。如果沒有談話對象，但是心裡又有很多心事，不願意大聲宣告，不妨試試自言自語的方法，或許有助於放鬆你的情緒。

向可信之人傾訴你的心事

從事心理學分析工作的人，他們的工作就是為別人排憂解難，在這個工作中，製造氣氛很重要。讓傾訴心事的人，在舒緩的環境下，緩緩的說出自己的心事。如果可以做到這一點，就已經解決一半的問題，就是給心中的怨氣，找到了正確的出口。

悶悶不樂的時候，寫出原因

拿破崙・希爾有一個很有效的治療煩惱的方法，就是在煩惱的情緒影響到自己的工作的時候，盡可能具體的把自己煩惱的原因寫在紙上。就算是雞毛蒜皮的小事，也寫清楚。例如：鄰居的貓叫實在讓人討厭；想聽新買的CD；必須趕快決定下次演講的題目……整理一下，你就會發現：煩惱，或是讓你煩惱的原因就這麼簡單。只要你可以找到讓你煩惱的原因，你就可以找到自己的解決方法。有時候，你不妨記下優先次序，然後分別寫上解決方法。等到事情都處理完了，你的苦悶和無聊也會消失。

乞丐變商人

別人看得起，不如自己看得起。只有充分認識自己，並且充分發揮長處，才可以踏上成功直達車。自信是激勵自己奮發進取的一種心理素質，自信是取得成功的基石。

有一個故事：一個紐約商人看到一個衣衫襤褸的文具推銷員，頓生一股憐憫之情。他把一美元丟進推銷員的盒子裡，準備走開，但是他想了一下，又停下來，從盒子裡拿了一把尺，並且對賣文具的人說：「你跟我都是商人，只不過經營的商品不同，你賣的是文具。」幾個月以後，在一個社交場合，一位穿著整齊的推銷商，迎上這位紐約商人，並且自我介紹：「你可能已經不記得我，但是我永遠忘不了你，是你重新給了我自尊和自信。我一直覺得自己和乞丐沒有什麼兩樣，直到那一天你買了我的尺，並且告訴我我是一個商人為止。」

「推銷員」一直做乞丐，不就是因為缺乏自信心嗎？就是從紐約商人的一句話中，「推銷員」找到自尊和自信，並且開始全新的生活。從故事中，我們不難看出自信心的威力。缺乏自信經常是性格軟弱的主要原因。

居里夫人曾經說：「生活對於任何一個男女而言，都非易事，我們必須要有堅韌不拔的精神，最重要的，還是我們自己要有信心。我們必須相信，我們對一件事情具有天賦的才能，並且無論付出任何代價，都要把這件事情完成。事情結束的時候，你可以問心無愧的說：『我已經盡我所能。』一個人只要有自信，就可以成為他希望成為的人。」

有一個人管不好自己的鑰匙，不是弄丟了，就是忘記帶，要不就是反鎖在屋裡。他的辦公室只有他一人，總是撬門也不是辦法。於是，他配鑰匙時就多配了一把，放在隔壁的辦公室。有一天，他又忘記帶鑰匙，正好隔壁辦公室的人都出去了，他又無法進去。於是，他在另一間辦公室也放了鑰匙。外面存放的鑰匙越多，他自己的鑰匙就管得越鬆懈，為了保險起見，他乾脆在其他幾間辦公室都放了鑰匙。最後就變成這樣的局面，有時候，他的辦公室，所有的人都進得去，只有他進不去，所有的人手中都有鑰匙，只有他的鑰匙無處可尋。到這時，他那扇門鎖住的，就只有他自己。

在現實生活中放棄自己的權利，讓別人的意志來決定自己生活的人實在不少。他們把上學、擇業、婚姻……全部託付或交給他人，失去自我追求、自我信仰，也失去自由，最後變成一個毫無價值的人。世上什麼都不怕，只怕自己沒有勇氣，沒有信心，沒有骨氣。

一位畫家把自己的一幅佳作送到畫廊裡展示，他別出心裁的放了一支筆，並且附言：「觀賞者如果認為這幅畫有欠佳之處，請在畫上做上記號。」結果畫上標滿了記號，幾乎沒有一處不被指責。過了幾日，這位畫家又畫了一張同樣的畫拿去展示，不過這次附言與上次不同，他請每位觀賞者將他們最欣賞的部分標上記號。他再取回畫的時候，看到畫上又被塗滿記號，原先被指責的地方，卻都換上讚美的標記。

這位畫家不受他人的操縱，充滿了自信。他自信而不自滿，善聽意見卻不被其所影響，執著但是不偏執。

以上兩個故事裡的主角，他們的所作所為，反映出兩種不同的思維方式、兩種不同的心態和兩種不同的結果。前者是失敗的思維模式，自卑的心態，必然會產生可悲的結果。後者是成功的思維方式，充滿自信的心態，必然會產生成功的結果。

前者過高的估計了他人，過低的估計了自己，無法認識到自身的無限潛能，越是這樣，越是跳不出自己的思維模式；越是跳不出自己的思維模式，越覺得自己不行；覺得自己不行，就必然要依賴他人，受他人的操縱。這樣，每失敗一次，自信心會受到一次傷害，久而久之，一切就會按照別人的意見行事，一切就會讓別人來操縱，可悲的事就會接踵而來。後者因為用正確的觀點評價別人和看待自己，所以在任何情況下，都不會迷失自己，被他人操縱。

畫展裡的這種情況，我們在現實生活裡會經常碰到。同樣的事，同樣的人，經常會出現不同的待遇，產生不同的結果。仔細想想，這不奇怪，因為每個人的眼光各不相同，理解事物的角度也不盡相同。所以，遇事要運用正確的思維方式，不要完全相信你聽到的、看到的一切，自己認準的路，不管別人說什麼，都要挺起胸膛走到底。

愛迪生曾經嘗試用一千二百種不同的材料作白熾燈泡的燈絲，都沒有成功。有人批評他：「你已經失敗了一千二百次了。」可是愛迪生不這麼認為，他充滿自信的說：「我的成功就在於發現了一千二百種材料不適合做燈絲。」

如果我們遇事都可以這樣考慮問題，採用這種積極的思維方式，怎麼還會有煩惱，怎麼還會有自卑感？**人們的自卑感的存在和產生，不是由於自己在能力或知識上不如人，而是由於自己不如人的心態和感覺。**為什麼會產生不如人的心態和感覺呢？是因為有些人經常不用自己的「尺度」來判斷和評價自己，而喜歡用別人的「標準」來衡量自己。說穿了，就是喜歡拿自己與他人互相比較，尤其喜歡拿別人的優點和長處與自己的缺點和短處互相比較。其實，這些不一樣的東西，是不能進行比較的，越比較，越會自卑。

這些簡單、明顯的道理，只要你相信它、接受它，你就會掌握正確的思維方式，保持良好的心態，摒棄自卑，找回自信，學會讓自己支配自己，由自己去安排自己的生活，由自己去策劃自己的人生。

所以說，我們應該有恆心，特別是要有自信心，必須相信自己是有能力的，而且要不惜任何代價將這種能力發揮出來。

每個人都會確立一些人生的目標，要實現這些目標，首先必須相信自己可以做到。千萬不要讓形形色色的霧迷住你的眼，不要讓霧俘虜你。在實現目標的過程中受到挫折時，請記住，困難都是暫時的，只要充分相信自己，終能等到雲開霧散的那一天，而喪失自信心，不僅會帶來失敗，還經常會釀成人間悲劇。

自信就是自己信得過自己，自己看得起自己。**美國作家愛默生說過：「自信是成功的第一秘訣。」**人們經常把自信比作發揮主動性的閘門，啟動聰明才智的馬達，這是很有道理的。確立自信心，要正確評價自己，發現自己的長處，肯定自己的能力，自信不是孤芳自賞、夜郎自大，更不是得意忘形，毫無根據的自以為是和盲目樂觀，而是激勵自己奮發進取的一種心理素質，它代表一種高昂的鬥志、充沛的幹勁、迎接生活挑戰的樂觀情緒，是戰勝自己、告別自卑、擺脫煩惱的靈丹妙藥。

自信心往往有三個方面的表現：

精神外貌上。不管我們與世俗標準下的成功的典型離得有多遠，我們都永遠可以抱持「我是最好的」這種態度，不必表現出任何羞愧、尷尬或壓抑的樣子。

體態語言上。想要真正成為擁有自信的人，你必須在自己的一言一行、一舉一動中表現出來。一般說來，表現自信的體態語言，總是給人們精力充沛的印象。彎腰駝背、大腹便便、下巴鬆垂、睡眼惺忪等形象，從來不被認為是有自信心的特徵。精力充沛、信心十足的姿態應該是這樣的：挺胸收腹、雙肩後傾、揚起下巴、面帶微笑、眼睛有神、目光直視交往的對方。平時，你要注意自己走路的姿勢，在很大程度上，走路可以表現出一個人的精神狀態。不要漫無目的的四處遊蕩，而是應該步伐堅定有力，大膽的向前邁進。

語態的表現。人們的語態表達是最重要的交流方式，語態表達方式也可以表現出你的個性。表現自信心的語態是：

一、講話的速度不能太快，否則容易給人留下急躁的印象。

二、講話的速度也不能過於緩慢，太慢會給聽眾留下你對希望闡明的觀點仍然猶豫不決的印象。

三、含糊的講話讓人一眼就看出你內心的不穩定，應該避免。

四、不要嘀嘀咕咕的講話，這是一種自我放縱和不成熟的表現。

五、說話的嗓音不能過高或是刺耳，會給人造成你很單純的印象。

六、不要用傲慢的口氣講話，顯得很不自然。

七、講話時不要氣喘吁吁，嗓音不能微弱，不要口齒不清，這些都可以透過訓練加以克服。

最後一點也很重要，當你講話時，嘴角要露出微笑。

成功者的共同性格——堅持下去

意志是幫助人走向成功的基石。在戰場上，堅持就是勝利；在工作上，堅持就是成績；在學習上，堅持就是才智；在科學上，堅持就是奇蹟。

有信心者不會因為阻力而退縮。努力改變原來的想法、做法，但「還是沒有成功」，因此懷疑自己的能力而停止前進的人有很多。許多人無法達到目標的最大原因就是，他們沒有意識到毅力是使不可能的事成為可能的最大的動力，卻因為一時的失敗和挫折就立即投降。

成功者知道，成功之果只能慢慢成熟，而且經常要經過許多的失誤和挫折。他們知道，受到挫折的時候，沒有理由灰心喪氣，不能止步不前。相反的，他們從教訓中學到經驗，帶著堅定的毅力前進，然後堅持下去，更努力的朝向目標奮進。

目標都是一點一點、一步一步的達到。成功的過程是緩慢的，取得進步需要時間，改變現狀有時要花長年累月的光陰。成功者都懂得這個道理，為取得成功而奮鬥的時候，容許自己經過努力與失敗，一步一步的前進。他們知道，想要立即如願是不現實的，正確的態度是要實踐、努力。

然而，很多人不瞭解，在他們取得成功之前的奮鬥過程中，可能會遇到許多挫折，面臨許多令人沮喪的挑戰。

史華茲博士在考察傑出的個人品格以及取得成功的人具有哪些特點的時候，發現「堅持下去」是所有成功者的共同性格，約翰・詹森就是表現出這種「堅持」性格的人。

詹森於一九一八年出生在阿肯色州一個貧寒的家庭中。他曾經在芝加哥大學和西北大學勤奮讀書，由於他的刻苦鑽研，最後獲得十六個名譽學位。詹森開始踏入商界是在芝加哥由黑人經營的人壽保險公司做雜工。現在，他是這個公司的董事長，主管好幾個龐大的分公司。

一九四二年，詹森以抵押他母親的家具，得到五百美元貸款，獨自開辦一家出版公司。現在，這個出版公司已經成為美國第二大的黑人企業。它起初出版了《黑人文摘》（現名《黑人世界》），又出版《黑檀》、《滔滔不絕》、《黑人明星》、《少年黑檀》等雜誌。一九六一年，詹森開始經營出版事業。到了一九七三年，他又擴展業務，買下芝加哥市的廣播電台。

詹森談到他對於成功的觀點時，謙遜而誠懇的說：「我的母親最初給我很大的啟發和鼓勵，她相信並且經常對我說的是：『也許你會勤奮的工作而一事無成，但是如果你不勤奮的工作，你就一定不會有成就。所以，如果你想要成功，就得冒這個險！問題總是有辦法解決的。要百折不撓，要不斷的研究、想辦法。』」

他到芝加哥上中學的時候，就開始為獲得成功而奮鬥：「我沒有朋友，沒有錢，由於穿的是家裡自製的衣服而被人譏笑。我說話有很重的南方口音，孩子們經常拿我的膚色開玩笑。所以，我不得不用一種辦法在他們面前爭一口氣，而且我只能採取一種辦法——做一個成績優異的學生。」

「我用功學習，取得很高的分數，還去聽如何演講的課。戴爾．卡內基寫的《處世之道》，我看了至少五十遍。」

「班上的同學，除了我之外，都不敢高聲發言。我讀了一本關於演講的書，按照書上說的方法，對著鏡子反覆練習說話。由於我做了一些演講，同學們選我當了班代表。後來又當了學生會主席、校刊的總編輯和學校年刊的編輯。」

一九四三年，詹森開辦一家小型出版公司的時候，發生了一件戲劇性的事情。當時，他想要為擴大發行他辦的《黑人文摘》做宣傳。

「我決心組織一系列以《假如我是黑人》為題的文章，請白人寫文章的時候，把自己擺在黑人的地位上，嚴肅的看這個問題，考慮如果他處在這種地位上，會做什麼事情。」

詹森回憶說：「我覺得請羅斯福總統的夫人埃莉諾來寫這樣一篇文章是最好不過的，於是我寫了一封信給他。」

「總統夫人回信給我，說她太忙，沒有時間寫。但是，她沒有說不願意寫。因此，過了一個月之後，我又寫了一封信給她。她回信說還是太忙。以後，我每隔一個月寫一封信給她，她總是說連一分鐘空閒的時間都沒有。」

由於總統夫人每次都說沒有時間，所以詹森沒有退縮，「她沒有說不願意寫，所以我想，如果我繼續寫信求她寫，總有一天她會有時間的。」

「最後，我在報上看到她在芝加哥發表談話的消息，就決定再試一次。我打了一份電報給她，問她是否願意趁待在芝加哥的時候，為《黑人文摘》寫一篇文章。她接到我的電報時，正好有一點空餘時間，就把她的想法寫了出來。」

這個消息傳了出去，迴響相當好。直接的結果是，這本雜誌的發行量在一個月之內由五萬份增加到十五萬份，這確實是我在事業上的一個轉捩點。

詹森不相信速決。「取得成功總得去努力，有時要經過多次失敗。人們來到這裡，看到我這裡相當壯觀的場面，都說：『嘿！你真走運。』我提醒他們，我是花了三十年漫長艱苦的時間，才做到這個地步。我是在那家保險公司的一個小房間裡開始的，然後搬到一個像儲煤巷一樣的小屋子。我一件事接一件事的做，最後才到了現在的地步，而不是一開始就是這樣。我覺得，每個人應該像一個長跑運動員一樣，不斷向前，千萬不要半途而廢。」

只要下定決心做一件事情，一切障礙都有可能被克服。如果意志薄弱，就會產生消沉、畏難的情緒，最後只會在失望中返回。

卡內基的做事方法——分清輕重緩急

有些事，可以在任何時候做；有些事，最好在某個時候做；有些事，只可以在規定的時候做。所以，面對嚴肅的生活，做事既要認真，又應該有秩序。

成功學大師卡內基在教授別人期間，有一位公司的經理去拜訪他，看到卡內基乾淨整潔的辦公桌，感到很驚訝。他問卡內基：「卡內基先生，你沒有處理的信件放在哪兒呢？」

卡內基說：「我所有的信件都處理完了。」

「你今天沒做完的事情，又推給誰了呢？」老闆緊接著問。

「我所有的事情都處理完了。」卡內基微笑著回答。看到這位公司老闆困惑的神態，卡內基解釋：「原因很簡單，我知道我需要處理的事情有很多，但是我的精力有限，一次只可以處理一件事情。於是，我就按照要處理的事情的重要性，列一個順序表，然後一件一件的處理，最後就處理完了。」說到這裡，卡內基雙手一攤，聳了聳肩。

「噢，我明白了，謝謝你，卡內基先生。」幾個星期以後，這位公司的老闆請卡內基參觀其寬敞的辦公室，對卡內基說：「卡內基先生，感謝你教給我處理事務的方法。過去，在我這個寬大的辦公室裡，我要處理的文件、信件，都是堆得和小山一樣，一張桌子不夠，就用三張桌子。自從用了你說的辦法以後，情況好多了。你看，再也沒有沒處理完的事情。」

這位公司的老闆，就這樣找到處事的辦法，幾年以後，他成為美國社會成功人士中的佼佼者。我們為了個人事業的發展，一定要根據事情的輕重緩急，制定一個順序表。人的時間和精力是有限的，不制定一個順序表，你會對突然湧來的大量事務，感到手足無措。

根據你的人生目標，你可以把所要做的事情制定一個順序。有助你實現目標的事情，就把它放在前面，依次為之，把所有的事情都排出順序，並且把它記在一張紙上，就變成事情表。養成這個良好習慣，會使你每做一件事，就向你的目標靠近一步。

我們可以每天早上制定一個先後表，然後再加上一個進度表，就會更有利於我們向自己的目標前進。

先做頭等大事

只要迅速、有效的做好每一項工作，就可以避免許多雜亂無章的事情發生。

柯維指出：有效的管理是要先後有序。領導者決定哪些是「首要之事」以後，天天和時時的把它們放在首位的就是管理。管理是紀律，是貫徹。

「紀律」這個詞來自「門徒」一詞，信奉一種哲理的門徒，信奉一套原則的門徒，信奉一連串價值的門徒，信奉一個壓倒一切目的的門徒，信奉一個聖命的目標的或代表這個目標的人的門徒。

換句話說，如果你是一個有效率的自我管理者，你的紀律來自你自身內部；它是你獨立意志的一種因應，你是你自己深刻的價值的門徒和追隨者，而且你有將你的感情、衝動、心境從屬於那些價值的意志和忠貞。

E・M・格雷寫過一篇小品文章《成功的公分母》，他一生探索所有成功者共用的分母。他發現這個分母不是勤奮的工作、好運氣，或是精明的人際關係——雖然這些都是非常重要的，而是一個似乎超過所有其他因素的因素——把首要的事放在首位。

設定事情的優先順序

時間管理的一種簡單而有效的方法是設定事情的先後順序，一般可以分為以下四種類型：重要而且緊急、重要但是不緊急、緊急但是不重要、不緊急也不重要。

重要而且緊急的事情：事情的重要性高，而且需要立即行動。此類事情帶給人們較大的壓力。例如：老闆緊急交辦的工作、重要客戶來訪、家人臨時生病住院、不擅長的必修科目隔天要期末考。

重要但是不緊急的事情：對個人而言是很有意義的，可能是許久的盼望或是長遠的目標。這類事情挑戰性高，困難度也高。最常見的例如：參加明年的重要考試、年底的婚禮、下星期應徵的工作要面試。

緊急但是不重要的事情：重要性不高，但是因為時間的壓力，需要趕快採取行動，例如：接電話、換尿布、煮飯、處理信件。

不緊急而且不重要的事情：沒有迫切完成的壓力，而且重要性不高，例如：打電話和朋友聊天、唱KTV、逛街、看電視、上網。

基本上，我們可以先記錄每週的時間流程，然後將每週的事情依照重要性與急迫性分為上列四種類型。設定事情的優先順序很簡單，重要的是，要克服一般人常有的心理傾向：逃避壓力，想要處理容易、快速完成的事情。

充分利用最有效率的時間

做事不講效率，有時甚至不如時間不準的鐘錶。

如果你把最重要的工作安排在一天裡你做事最有效率的時間去做，你就可以花費較少的力氣，做完較多的工作。何時做事最有效率？各人不同，需要自己摸索。

大部分的人在工作接近結束時，效率都會提高。因為「快結束了」這種心理上的安定感，對工作效率有很好的影響，心理學上稱為「週末效果」。此外，在一星期當中，大多是在星期五，一度低落的工作效率，才會提高。這也是「週末效果」。

我們非常同意日本成功學大師多湖輝的觀點：「週一症候群」，「藍色日子」，是因為星期日剛休息以後，有一種乏力的感覺；再加上「今天開始，又要工作一星期」的壓力。通常，星期一的工作效率都不高。到了星期二，這種心情會消失，再度精力充沛。星期三、四以後，工作效率又會逐漸降低。但是，到了星期五，就會覺得「這個星期快結束了，可以休息」，這種「結束效應」可以使工作效率上升。這就是多湖輝所說的「週末效果」，應該善加利用。

想要使一個星期的工作維持一定的水準，就要安排擅長的工作在週一開始做；不擅長或厭惡的工作，則安排在週末做。

週末做一些厭惡、不擅長的事，即使工作不順利，也會認為反正明天休息，可以再做，心情就會平靜下來，反而做得更好。因為阻礙工作效率的元兇之一，就是「焦躁」。因此，應該多加利用「週末效果」。

一般人都有自己情況最佳的時段。例如：早上到中午的「早晨型」；中午以後才有精神的「白晝型」；等別人都睡了才起來的「夜貓型」等各類型。但是一般人都是上午精神比較好，下午兩點最差的「早晨型」。

可以知道自己情況最好的時段，對提高工作效率很有效。例如：有人找你做棘手的事情，前一天晚上先提早入睡，天一亮就開始工作，結果會有令人意想不到的順利。如果堅持工作應該在白天進行，晚上要輕鬆的睡覺的機械化的方式，很難提高效率，只是浪費時間而已。

當然，有些人因為身體或精神上的特殊情形，可能要到中午以後才有精神，所以自己要找出情況最好的時段——在這個時段內，做一些棘手的工作，如此一來，再困難的事情，也會變得不難。所以，要突破機械化的工作方式，在你自己情況最好的時段內去試試看。

值得注意的一點是，不管任何時候，都不要讓消極情緒苦惱自己。只有以積極態度投身於工作、學習中，才可以給我們帶來歡樂和激情。

為大遠見而放棄小選擇

一個人如果只是把工作當作謀生的手段，他什麼事都做不好，只有具備堅定不移的理想信念、堅韌不拔的鑽研精神，把工作作為一生追求的事業，才有可能取得成功。

在現實生活中，多想幾步，遠見卓識將給我們的生活帶來極大的價值。遠見帶來巨大的利益，會打開不可思議的機會之門。人越有遠見，就越有潛能。

遠見使工作輕鬆愉快

成就令人生更有樂趣。當你努力把工作做好的時候，沒有任何東西比這種感覺更愉快。它給予你成就感，它是樂趣。那些小小的成績為更大的目標服務的時候，例如：使一個遠見成為現實，就更令人激動。每一項工作都變成一幅更大的圖畫的重要部分。

遠見給工作增加價值

同樣的，當我們的工作是實現遠見的一部分的時候，每一項工作都具有價值。哪怕是最單調的工作，也會給你滿足感，因為你看到更大的目標正在實現。

遠見預言你的將來

缺乏遠見的人，可能會被等待著他們的未來弄得目瞪口呆。變化之風會把他們刮得滿天飛，他們不知道會落在哪個角落，等待他們的又是什麼。

如果你有遠見，又勤奮努力，將來更有可能實現你的目標。雖然未來是無法保證的，任何人都一樣，但是你可以大大增加成功的機會。

吃苦程度不是衡量一個人工作能力的標準，只有效率才是衡量能力的尺規。請問，你能想到幾步呢？

相信你可以使自己活得更好，這只是第一步。想要使自己的遠見真正有價值，還必須與另一種能力結合起來：如何使遠見變為現實。

你需要一套實現你的遠見的戰略，以下的指導原則對你有幫助：

確定你的遠見。這個觀點雖然非常簡單，但是實現遠見總得由確定遠見開始。對於有些人來說，這實在是太容易了，因為他們似乎生來就有遠見。另一些人則需要經過長時間的沉思、考慮、祈禱，才可以獲得這種本領。

如果你想成功，就必須多想幾步，確定你人生的遠見。你的遠見不能由別人給你。如果不是你自己的遠見，你就不會有實現它的決心與衝勁。這個遠見必須以你的才能、夢想、希望與激情為基礎，遠見是了不起的東西，它還會對別人產生積極的影響——特別是一個人的遠見與他的命運（特別是他存在的目的）不謀而合的時候。

考察你目前的生活。將你自己的遠見變成現實不是一蹴而就的事，這是一個過程，跟一次旅程十分相似。你決定去旅行之後，首先要做的事情之一，就是決定出發點，沒有這個出發點，就不可能規劃旅行路線和目的地。

考察目前的生活的另一個目的，是規劃行程估算此行的費用。一般說來，你離自己的遠見越遠，所花的時間就越多，代價就越大。實現自己的遠見是要做出犧牲的。

為大遠見放棄小選擇。所有夢想的實現都是有代價的。為了實現你的遠見，就要做出犧牲，其中一個涉及到你的其他選擇。你不可能一面追求你的夢想，一面保留其他的種種選擇。

這個觀點尤其不容易被美國人接受。美國文化很強調選擇的自由，整個自由市場體制都是建立在這個基礎上之。多種選擇是好事，可以提供機會，但是對於想取得成功的人而言，有時候他必須放棄種種小選擇來交換那個唯一的夢想。

按照自己的遠見來規劃自己的成長道路。實現自己的遠見，包含著必須選定一條個人發展的道路，並且在這條路上走下去。以為自己可以從生活的一個階段向另一個階段進步而無需改變自己，是在自我欺騙。人生的任何積極轉變，必定需要個人成長。

因為個人成長是實現自己遠見的必經之路，所以你能定出的最具戰略性的計畫，是按照你的遠見來規劃你的成長道路。想一想，要實現理想，你必須做什麼。然後確定，要成為你想做的那種人，你需要學習什麼。看一些書籍，聽一些意見，感受一下別人的成長過程。

經常與成功人士接觸。個人成長的過程包括與人接觸。學習如何成功的最佳方法，是與成功人士接觸。觀察他們，向他們請教。逐漸的，你會開始跟他們用同樣的角度看問題。這句古語確實正確：「毛色相同的鳥聚在一起。」

不斷表達你對自己夢想的信心。實現夢想要求你不斷努力，並且發揮出最大的衝勁。加強韌性與衝勁的方法之一，是不斷表達你對自己夢想的信心。用語言向別人講，同時默默的對自己講。保持積極的充滿信心的態度，即使偶生疑惑，也要全神貫注、保持信心。因為信心是締造理想大廈的第一根柱子。如果你失去自信以及對自己夢想的信心，你的夢想永遠不能成真。

變通

預料到有人會反對你的夢想。必須保持積極心態的另一個原因，是你一定會碰到反對的意見。自己沒有夢想的人，不可能瞭解你的夢想，他們覺得你的夢想不可能實現。他們會對你說：「你的夢想一文不值。」或是即使他們明白到它的價值，他們也會說：「雖然這是可以實現的，但不是由你實現。」碰到別人反對的時候，你不必驚慌，而是應該有思想上的準備，抱著永不消沉的積極心態。

尋找實現理想的每條途徑。為了實現理想，你必須不停的尋找一切對你有幫助的東西。要樂於嘗試新事物，到處尋找好主意。要善於觀察，在別的領域效果很好的主意，在你這裡也可能有用。全神貫注於你自己的理想，但是對於走哪一條路才可以實現理想，則應該抱持靈活的態度。實現理想要有創新精神，如果我們對新觀念關上大門，就不會有創新精神。

只做能力所及的事

人生的道路有千萬條，但是正在走的只有一條。

人生如同走獨木橋，往往會身不由己的沿著已定的目標前進。是謂「獨木橋」人生。既然是「獨木橋」人生，一開始就要選準適合自己的人生道路。半路出家的人不是沒有，那是需要犧牲更多的汗水作為代價的。那些不停的選擇道路的人，註定是失敗的。

想要成功的人都應該懂得：無論你從事什麼行業，無論你擁有什麼技能，你都應該力爭在該領域處於優勢位置，而不應該強求自己去做自己不擅長的事，儘管你可以為一個目標而有雄心壯志；但是那個目標一定要合你的「胃口」。很多人就是因為在能力——可能達到的最大能力——之外胡思亂想而挫敗。

星期六上午，一個小男孩在他的玩具沙箱裡玩耍。沙箱裡有他的玩具小汽車、敞篷貨車、

變通

塑膠水桶和一把亮閃閃的塑膠鏟子。在鬆軟的沙堆上修築公路和隧道的時候，他在沙箱的中部發現一塊巨大的岩石。

小男孩開始挖掘岩石周圍的沙子，企圖把它從泥沙中弄出去。他是一個很小的小男孩，但是岩石卻相當巨大。小男孩手腳並用，似乎沒有費太大的力氣，岩石就被他連推帶滾的弄到沙箱的邊緣。不過，他發現，他無法把岩石向上滾動、翻過沙箱邊牆。

小男孩下定決心，手推、肩扛，一次又一次的向岩石發動攻擊，可是，每當他剛剛覺得取得一些進展的時候，岩石就滑脫了，重新掉進沙箱。

小男孩氣得哼哼直叫，使出吃奶的力氣猛推、猛扛。但是，他得到的唯一回報，就是岩石再次滾落回來，砸傷他的手指。

最後，他傷心的哭了起來。整個過程，男孩的父親從起居室的窗戶裡看得一清二楚。當淚珠滾過孩子的臉龐時，父親來到孩子的面前。

父親的話溫和而堅定：「兒子，你為什麼不用盡所有的力量呢？」

垂頭喪氣的小男孩啜泣著說：「我已經用盡全力了，爸爸，我已經盡力了！我用盡了我所有的力量！」

「不對，兒子」父親親切的糾正，「你沒有用盡你所有的力量，你沒有請求我的幫助。」

但是這個時候，有一個人走過來，說：「孩子，做事不要力所不及，請多發揮自己的長處吧！」

這個故事說明了什麼，各有答案，但如果這不是一個小男孩，而是一個在工作中謀生的成人，我們更同意最後那個人的觀點。**安德魯・卡內基曾經說：「我不會幫助那些缺乏成為企業領袖的雄心壯志的年輕人。」**

要敢於樹立這樣的目標：力爭成為一個企業的主管、經理或總裁。不管你目前的職位有多高，仍然應該警示自己：「我的職位應該在更高的地方。」要敢於夢想，要立下更大的決心：得到讓人羨慕的職位，並且發誓一定要為之竭盡全力。

經常有些人問，他們能否克服危機？他們是否具有與眾不同的價值？我們的回答是：「你當然可以克服危機。你完全有克服危機的潛力，但是你最終是否一定可以克服危機，就完全取決於你自己。如果你具有：一種克服危機的力量和願望，就沒有什麼可以阻擋你；如果你沒有這樣的力量和願望，即使你接受再好的教育、再有利的外界因素，都不足以讓你克服危機。」

對於一個人的生命來說，沒有什麼比你的人生態度更重要，這種態度包括你對自己的評價，以及你對未來的期望。如果你的人生態度消極而狹隘，與之相對應的就只會是平庸的人生。你必須以比普通人更高的眼光來看待自己，否則你就永遠只會是一個小職員。你必須期望自己可以擁有更高的職位，並且激勵自己努力去得到它，否則你將永遠得不到它。切莫懷疑自己有實現目標的能力，否則就會使你自己的決心大打折扣。只要你一直憧憬未來，你就是在朝向目標邁進。

如果你有足夠的決心，並且為之付出堅韌的努力，你就有成為企業合夥人的可能，而不再是一個小職員。如果你不具備這樣的決心，就會看到那些條件不如你，但是有更大決心的人跑到你的前面。如果你不好好利用機會往上爬，你就只能抱怨運氣不佳。

一位作家說：「我對於剛步入社會的年輕人的建議是：一開始的時候，就要有明確的理想和堅定的目標，除非你已經實現，否則絕對不要輕易放棄。」

我們很難想像，一個人的成長在很大程度上依賴於某種激勵。如果你沒有完成工作的熱情，你在任何職位都無法嶄露頭角。如果把自己所從事的工作視為愛好，就會做出驚人的成績；如果把自己所從事的工作視為負擔，一生中絕無成果。

正是一種神秘的力量，將亞伯拉罕・林肯從小木屋推向白宮；對北極的幻想，使探險家羅伯特・培利樹立征服地球極點的目標，在經歷無數次的失敗之後，這個幻想終於將他送到地球的極點；堅定的理想，同樣使得年輕的班傑明・迪斯雷利從英國社會的下層躍入上層，直到最後成為一個世界大國的首相，居於社會和政治權力的中心。

所有來自社會底層的成功人士，都有相同的經歷，他們在自己前進的道路上，都受到一種強大內力的牽引，這種力量幾乎使他們無法抗拒。

這種內在的克服危機的推動力，是我們生命中最神奇、有趣的東西。它存在於每個人身上，就像自我保護的本能一樣。在這種求勝本能的驅使下，我們步入了人生賽場。如果沒有它，我們可能還停留在野蠻人的階段，或是還居住在山洞裡，文明也不會出現。如果沒有這種神奇的東西，就不會有大城市、大工廠，不會有鐵路和汽船，不會有美麗的住宅和公園，也不會有繪畫、雕塑和書籍。

人們工作的最好回報是實現自我、超越自我，並且經過努力，實現克服危機的理想。無論在藝術領域還是在商業活動中，無論在科學事業還是生活小事中，幸運之神總是與優秀的人相隨。

我們透過有效的工作，獲取自己所追求的東西，實現自己克服危機的雄心壯志。在向上攀登的過程中，我們必須付出巨大的努力，並且承受一般人難以承受的艱辛。這也是富人子弟難以取得個人成功的原因之一。他們往往缺乏向上攀登的巨大動力，正是這種動力，激勵我們去實現自己的理想。每個人的成長過程顯示，進取心是所有想拯救自己的人的領路人，正是進取心為他們的前進，開闢了道路。

只有強烈的進取心還不夠，想要成為顯要人物，還要配上兩個翅膀：豐富的知識和良好的判斷力，否則即使你具有雄心壯志，也只會與成功擦肩而過。我們曾經見過一種精巧的機器，它可以在鋼板上打洞而沒有噪音，它之所以可以做到這一點，靠的是它的一個巨大的平衡輪。這個平衡輪為完成工作儲存巨大的能量、速度和動力。一旦將平衡輪從這台機器上移走，整台機器就會報廢。在這裡，平衡輪就是機器的關鍵零件。同樣的，對一個人來講，常識和判斷力就是平衡輪。如果一個人不具備這兩點，他再大的願望也只是願望而已。

每個人都有屬於他自己的工作，在金融巨頭摩根和鋼鐵大王卡內基看上去很簡單的事情，對你來說也許根本無法完成。你也許可以做到摩根不能做到的事情。因此，重要的是，你應該認真分析自己適合做什麼，適當的估計自己成功的可能性，這有助於你今後的事業。一個人應該充分積蓄能量，並且將它投入到最適合自己的地方。如果你只有一種才能，應該淋漓盡致的發揮這項唯一的才能，不要與有多項才能的人進行全方位的競爭。無論有多大的進取心，無論有多強的力量，用一種才能去做需要十種才能的工作是不可能的。偉大的頭腦可以輕易的成就偉大的事業。我們只需要盡力，而不必強求，透支自己的能力是非常危險的。

權衡自己的能力，找到適合自己的位置，然後全心的投入，你就會受到成功女神的青睞。

擺正說與做的分寸

人們經常說：「會說不如會做。說出來的絕對比不上做出來的好。講出來的承諾比不上做出來的事實。」仔細想一下，這些話中蘊含不少深層的哲理。

只會做不會說，就像是漂亮的茶壺少了壺嘴。但是只會說不會做也是不行的，在現實生活中，有些人喜歡說大話，尤其是野心勃勃的大男人們。他們為了顯示自己比別人卓越，總是以表示決心的方式，對親人、對朋友、對女友，甚至對自己的競爭對手，誇誇其談，自我炫耀，不可一世。

其實，他們不明白：唱得好的，不如說得好的；說得好的，不如做得好的——你在信口開河的時候，往往會把你的最初意圖曝露給對手。或是，你自己可以達到的目標，也會由於你事先洩露秘密，遭到別人的暗中破壞，使你半途而廢。到最後，只落個說說而已，做是不可能的。更有那麼一些人，乾脆是說過了也就忘了，根本不把說過的話放在心上，不實現承諾。最終，這種只說不做的人，不只會被人視為愛吹牛、說大話，而且還會留下言而無信的臭名聲，對於這種「食言而肥」的自吹自擂者，誰還願意與其深交呢？行動是人生的鏡子。在人生的過程中，要隨時以行動證明自己，不要用語言欺騙別人。再美的語言，也無法築起事業的大廈。

「人無信不立」，你對別人說什麼話，答應別人什麼事，對方就會希望你實現諾言。一旦別人發現你開的是「空頭支票」，說話不算數，就會產生強烈的反感。「空頭支票」會給他人增添無謂的麻煩，也將使自己名譽受損。一位賢人說：「對別人委託的事情，既要盡心盡力的做，又不要答應自己力所不及的事情。」這位先賢告誡人們，因為承擔一些力所不及的工作，或是為了譁眾取寵而輕諾別人，卻不能如約履行，是很容易失去信用的。

人與人的交往中，應該把信用看得非常重要。曾子說：「與朋友交而不信乎？」墨子說：「志不強者智不達，言不信者行不果。」還有「一諾千金，一言九鼎」、「一言既出，駟馬難追」，都是強調一個「信」字。

清代顧炎武曾經賦詩言志：「生來一諾比黃金，哪肯風塵負此心。」表達出自己堅守信用的處世態度和內在品格。因此，中國人歷來把守信作為人處世、齊家治國的基本品格，君子一言，駟馬難追。自古以來，講信用的人，就會受到人們的歡迎和讚頌，不講信用的人，就會受到人們的斥責和唾罵。

李白曾經在他的《長歌行》中寫著：「常存抱柱信，豈上望夫台。」「抱柱信」是說一個叫尾生的男子和一個女子在橋下約會，女子還沒有來，河水就漲了。尾生為了不失信用，還是不走，女子沒有來，寧可抱住橋柱，被水淹死。尾生的行為是過於迂腐拘泥，但是他表現出的言行一致、說到做到的精神，卻是受人稱頌。「小信成則大信立」，治國也好，理家也好，做工作也好，做生意也好，都需要講信用，一個言行一致、表裡如一的人，是最靠得住的人。

但是有些人認為，不管做什麼事，沒有必要說出來。這樣，就又走入另一個極端，他們認為，事實勝於雄辯。

你做成一件事情以後，用不著你去說什麼，事實自然會為你說話。如果事實果真如此固然很好，但是又往往事與願違，如果別人對你所做的工作成就，視而不見，不予理睬，豈不是啞巴吃黃蓮——有苦說不出？所以，你做成一件事以後，千萬不要默不作聲，說出來又何妨？但是你一定要把握說話的分寸。如果你做了十分的成績，卻只說五分，別人也不理會你的謙虛；相反的，做了五分的工作，你卻說成十分，就是誇大其辭，雖然同事不說出來，但是心裡一定會覺得不舒服，說不定會看準機會，向主管說你的不是。這樣一來，你的工作非但沒有贏得別人的好感，還落了一個人品不佳的名聲，真是裡外不是人。所以，公司介紹自己工作成績的時候，最好要抱持誠實、中懇的原則，不褒不貶，恰到好處，有功說功，有過說過。

我們經常看到一些不顯赫的人，為什麼會在人們不知不覺中，一步一步的攀上權力的高峰？那些本來資金不雄厚的人，為什麼會在市場中戰勝比自己強大的對手，成為人們羨慕的大老闆？當人們追問起這些問題的時候，當記者採訪這些成功人物的時候，當鏡頭對準這些當代名人的時候，大家都以為這些人身懷絕技，會說出什麼秘訣。

然而，他們淡淡一笑，說：「成功沒有什麼秘決，只不過是老實的做事而已。」

你看，他們說的話是多麼的謙虛，可是，又有誰因為他們說了這麼謙虛的話而忽略他們做出來的成就和取得的成功呢？

世界上沒有什麼事是不可能的，只要你肯做，就有「可能」的結果。

把握份內與份外的分寸

個性不同、素質不同的人，只有在各自的工作上一展才華，才會具有價值。

不管是在公司工作，還是在群體中與人合作，都有份內與份外之分。份內的工作做不好，份外的工作做得再好也於事無補。如果份內工作做好了，卻對份外的事作壁上觀，也不是成功的工作方法。

明確自己的責任、權利與義務之後，就要盡責的把份內的事情做好，把應該做的事情做好，這時候，我們應該制定一個做好這項工作的目標。不過，這個工作目標一定要切合實際，符合自己的心意。如果自己無法理出頭緒，也可以請教同事、朋友或專業人士。要知道，這是一個很嚴肅的事情，有了工作目標之後，你就可以有驅策力，也可以明確工作的方向，這樣一來，你就要把你的真本領全部施展出來，用事實向主管證明你是一個可造之才。同時，要帶給主管一些新的資訊，例如：市場景氣、社會新聞、公司未來發展動向，這樣會讓他認為你與眾不同，把公司的利益放到第一位。

其實，得到別人的認可不難，但是把工作做好，並且得到好的報償，不完全取決於你自己，而是要靠老闆、同事的評價所得出的結果。

可以在事業發展上步步高升、工作出色，第一要則是表現得與眾不同、惹人注目。不過，一個性格古怪的人，卻無法得到領導者的欣賞，如果你希望得到公正的評價，不要忘記以下的忠告：

- 每個人在事業發展的初期，必須牢記：「敏於事而慎於言。」
- 在老闆面前，表現出自己工作勤奮。
- 不斷學習與進修，掌握做好本職工作的本領與技能。
- 熟悉辦公室內的一切，閱讀有關的工作備忘錄。這樣，老闆會對你的知識、才能和自我鞭策的精神，會留下良好的印象。
- 採取積極的行動，主動請纓，做一些可能需要你完成的工作，兢兢業業，有始有終。
- 提醒自己：我的貢獻，可以使我的地位變得更重要，老闆就會更器重我。
- 遇到工作上的疑難時，要向老闆請教，並且隨時向老闆提出一些有建設性的意見。自我表現的機會來臨之際，不要遲疑，應該立刻展示你的才能。

■在公司裡努力建立良好的人際關係，與同事相處融洽，幫助他們解決工作上和生活上的難題，這些都是讓老闆和同事器重你的秘訣。

工作完成之後，要寫好總結，及時向老闆做報告。如果你可以在工作上認真負責，對各種業務熟悉、老練，對同事誠懇友善、同心協力，對自己的私生活嚴肅、純正、樸實、健康——如果你可以努力做到這幾點，就可以說是已經站穩自己的腳步。

在公司裡，在同事間，當你已經建立不可動搖的威信之後，你就可以一展身手。人們都知道你很負責、能幹，可以把自己份內的事情做好，對同事很好，人人都信任你、尊重你，即使遇到有人說你的閒話，損害你的名譽，攻擊你的地位，大家也不會相信他，反而會支持你、同情你。

同事有需要幫忙的，你千萬不要認為那是份外的事，應該義不容辭，盡量施以援助。但是你在幫助別人的時候，不必以此沾沾自喜、自鳴得意，更不能擺出一副救世主的面孔，因為我們的幫助應該是無私的、誠懇的、沒有一絲恩賜的感覺。

老闆一般都會認為，一項工作給下屬做，如果沒有如期完成，怪罪的應該是整體。因為公司是一個合作的團體，並非各不相干的組織。最主要的，是老闆如果知道你付出較大的努力，

變通

除了做好自己份內的工作以外，份外的工作也可以積極主動的做，並且可以很好的協助同事，必然會讚賞你的工作能力。相反的，如果他發覺你原本可以加以協助，卻因為覺得是份外的事，與你無關而袖手旁觀，他對你的印象就會大打折扣。聰明的人應該訥於言、敏於行，而不是「精人出口、笨人出手」。不過，對於一些懶惰的同事，卻有責任做出適當的規勸，但是不要在其他同事面前指出他的不足，而是找一個機會與他單獨談談，問他是否對本身的工作沒有興趣，並且問他的志願，他就會向你傾訴自己的想法。這時，你才可以婉轉的告訴他，達到目標應該要注意的事項。多傾聽別人的心聲，多做一些鼓勵，並且盡量幫助他們，才可以維繫同事間良好的感情，也可以獲得較高的評價。

也許你也有很大的工作壓力，甚至影響到家庭，千萬不要將不良情緒帶入工作之中，因為這會影響到做事的效率以及與他人的關係。

學會說話的藝術

人們經常喜歡說的一句話是「禍從口出」。說出去的話，就像潑出去的水一樣，收不回來。說話的時候，一定要把握一定的分寸，不要將話說得太滿，那樣對人對己都沒有好處。

有些人話說得很滿，而且也可以做得到。但是凡事總會有意外，使得事情產生變化，這些意外不是你可以預料到的，話不要說得太滿，就是為了容納這個「意外」！杯子留出空間，就不會因為加進其他的液體而溢出來；氣球留有空間，就不會因為再灌一些空氣而爆炸；人說的話留有空間，就不會由於「意外」的出現而下不了台。

因此，許多政府官員面對記者的詢問，或是議員的質詢的時候，都會偏愛用這些話語，例如：「可能、盡量、或許、研究、考慮、評估、徵詢各方的意見……」

這些都是不肯定的話語，他們為什麼會如此？就是為了留下一點空間來容納「意外」，要不然自己說死了，結果卻事與願違，那不是很難堪嗎？

一個有責任感的政府官員不應該這樣，但是做人、做事有時候實在是不得不如此！

以下的狀況，就是你在說話的時候應該注意的：

做事方面：

一、對待別人的請求，可以同意接受，但是不要「保證」，應該使用「我盡量」、「我試試看」的話語。

二、主管交辦的事情當然要接受，但是不要說「保證沒問題」的話語，應該使用「應該沒有問題，我將全力以赴」之類的話語。

這就是為了萬一自己不能做到所留出的後路，而且這樣說實際上也沒有損害你的誠意，反而更會顯示出你的審慎，別人就會因此更信任你。如果事情沒有做好，也不會責怪你。

做人方面：

一、與人交往，不可以口出惡言，更不可以說出「誓不兩立」這樣的話，除非有「殺父奪妻」之仇。不管是誰對誰錯，最好是閉口不言，讓以後需要攜手合作的時候，自己還有「面子」。

二、對別人不要太早下判斷，像「這個人完蛋了」、「這個人一輩子都沒有出息」之類的「蓋棺論定」的話，最好不要說，人的一輩子很長，變化也很多。也不要立刻判斷「這個人前途無量」或是「這個人能力高強」。總之，應該多使用一些「是……不過……如果」之類的話語。

當然，狀況不只是上述幾個。

把話說滿，有時候也有實際的需要，可是除非必要，還是應該保留一點空間，既不會得罪人，也不會把自己陷入困境。大致說來，多用中性的或是不確定的話語就對了。為人處世一定要知道什麼話可以說，什麼話不可以說。

把握開玩笑的分寸

沒有笑聲的生活和沒有幽默感的朋友，都是無味的。

在人際交往中，開一個得體的玩笑，可以鬆弛神經、活躍氣氛，創造出一個適於交際的輕鬆愉快的氛圍，因而詼諧的人經常會受到人們的歡迎與喜愛。但是，玩笑開得不好，就會適得其反、傷害感情。因此，開玩笑要掌握分寸。

內容要高雅

開玩笑，如果沒有知識與品格做支撐，就會流於低級。所以，要注意玩笑的內容。內容健康、格調高雅的笑料，不僅可以給對方啟示和精神的享受，也是對自己美好形象的有力塑造。

鋼琴家波奇有一次演奏的時候，發現全場有一半的座位空著，他對聽眾說：「朋友們，我發現這個城市的人們都很有錢，我看到你們每個人都買了二、三個座位的票。」半屋子的聽眾放聲大笑。波奇無傷大雅的玩笑話，使他擺脫了窘境。

態度要友善

與人為善，是開玩笑的一個原則。開玩笑的過程，是感情互相交流傳遞的過程，如果藉著開玩笑對別人冷嘲熱諷，發洩內心厭惡、不滿的感情，除非是傻瓜才識不破。也許有些人不像你口齒伶俐，表面上你佔到上風，但是別人會認為你不能尊重他人，進而不願意與你交往。

對象要分清

同樣一個玩笑，可以對甲開，不一定可以對乙開。人的身分、性格、心情不同，對玩笑的承受能力也會不同。

對方性格外向、寬容忍耐，玩笑稍微過大也可以得到諒解。對方性格內向，喜歡琢磨言外之意，開玩笑就應該慎重。對方儘管平時生性開朗，如果正好碰上不愉快或傷心事，就不能隨便與之開玩笑。相反的，對方性格內向，但是正好喜事臨門，此時與他開玩笑，效果會出乎意料的好。

此外，還要注意以下幾點：

■和長輩、晚輩開玩笑忌輕佻放肆，特別忌談男女情事。同輩之間的玩笑要高雅、機智、幽默、解頤助興、樂在其中。在這種場合，忌談男女風流韻事。同輩人開這方面玩笑的時候，自己以長輩或晚輩身分在場的時候，最好不要加入討論，只要若無其事的旁聽就可以。

■和非血緣關係的異性單獨相處的時候，忌開玩笑（夫妻除外），哪怕是正經的玩笑，也往往會引起對方反感，或是會引起旁人的猜測非議。要保持適當的距離，也不能拘謹彆扭。

■和殘障者開玩笑，注意避諱。人人都怕別人用自己的短處開玩笑，殘障者尤其如此。

■朋友陪客的時候，忌和朋友開玩笑。人家已經有共同的話題，已經有和諧融洽的氣氛，如果你突然介入與之開玩笑，轉移人家的注意力，打斷人家的話題，破壞談話的雅興，朋友會認為你讓他沒面子。

因循守舊的敵人——立刻行動

人應該支配習慣，而不是習慣支配人，對於生活中的壞習慣，你要想盡辦法改掉。如果你不改變因循守舊的習慣，那些轉機將永遠不會有。

事物有一個可悲的趨勢，就是它們永遠不會自我轉變。靠一個精神上的「延期計畫」生活，總是期待和希望，這是無益的，它將永遠不會把你帶到某一個目的地。

因循守舊者的重要特徵之一：抱著自己的老觀念不放，不主動接受新鮮的思維，進行腦力革命，這就是思維上的惰性所致。想要成功的人，必須要隨時學會「洗腦」，摒棄因循守舊，創新求變，才有可能加入成功者的行列！

有很多人經常抱怨自己太笨，這是因為他不想動腦筋，總是在過去的思維模式中打轉。

想要成功，因循守舊是你必須克服的一大障礙。不要希望未來某一個不確切的時候「情況將會好轉」，而將就著過日子。你可以檢測一下，看你是否經常對自己說：「我希望一切都可以朝著最有利的方向轉變；我希望自己可以在這件事情上做些什麼。」

你承認正在用這些想法在自己周圍建立封鎖線嗎？你意識到「希望」和「祝願」這兩個詞實際上使你什麼也不做嗎？坐等不會給你帶來什麼，事實上，你的惰性可能會引起一種情感上的麻痺，使你不能做出一些重要的決定。

要對你自己說：「我已經明白」，並且行動。除非你去促成事物的轉變，否則，未來的情況將是依然如故。的確，要拚，就需要付出代價和擔當風險，你的努力也可能白費；如果你避免做任何事情，你也可以免遭風險和失敗。但是，結果會怎樣呢？你避免可能的失敗，同時也避免可能的成功。

要找出自己因循守舊的原因，可以試著問自己：

「計畫一些令人激動的事情，但是從來不實行這些計畫嗎？例如：休假，觀光旅遊。拒絕做任何對自己也許是一種挑戰的事情嗎？例如：控制飲食、戒煙。過多的依賴自己的朋友嗎？過於沉湎已經厭倦的工作嗎？過於依靠對自己厭煩的親戚嗎？過於留戀已經不再令人滿意的房子嗎？」

「一旦面臨困難的工作或是某個將使自己處於危險境地的場合時，就立即變得憂心忡忡嗎？推遲做那些費力的、令人厭煩的事情嗎？例如：整理房間、洗車、修剪草坪、寫信……」

有些人，他們要做的事情是如此之多，以致分散了自己的精力，不停的忙碌，整天被一些細枝末節的小事拖累，使自己離目標越來越遠，甚至偏離了人生方向。如果你認為自己可能是屬於這種人，你可以問自己以下的問題：

- 因為有一些「重要的事情」要做而推託與自己親近的人的要求嗎？
- 因為必須考慮別人或是自己的職業而放棄自己的幸福嗎？
- 總是忙得沒有自己可以支配的時間嗎？
- 因為家裡或是辦公室裡有許多事要做，而放棄了一個休假、一場電影或戲劇演出嗎？

認真考慮這些問題，你將很容易確定自己因循的根源。從根本上來說，因循就是害怕承擔風險。你對那些熟悉的卻有害的訊號做出反應的時候，你至少可以心安理得的（或是不怎麼舒服的）維持現狀。因循守舊確實可以稱得上是生活的防彈衣。

克服因循守舊的壞習慣，不像你想的那麼困難。你必須做的就是，現在就行動，而不是等到明天或是下個星期：關掉你正在看的電視連續劇，立即著手寫你的學術論文；放下你正在讀的雜誌，去打那些令人擔心害怕的電話；放下那一片送到嘴邊的餅乾，開始你的飲食控制；立刻參加某一個自去年就吸引你的課程；你從錢包裡取出一百元，開闢一個特別帳戶，以備一直期待的某次休假之用。

記住，因循守舊是思想的沼澤，你必須從中走出來，才可以達到成功的彼岸。

堅持到底

你想送禮給勝利之神嗎？告訴你，最好的禮物是——毅力。

美國著名學者安東尼・卡索，從他親自策劃和主持過的上百次民意測驗中，整理和歸納出美國五〇〇家大企業創立人成功的要點和原則，得出的「創業十要」中有一條：做一件事，堅持到底最重要，相反的，如果半途而廢，就會在競爭中一事無成，更談不上成功！

你如果定出一個目標，就要有耐心的完成它，即行動要有恆心。如果失去恆心，人生就像沒有油的燈。一個人必須知道他正在為了什麼目標而工作，他才會像一隻貓追逐老鼠一樣緊迫不捨。**班傑明・富蘭克林寫著：「讓每個人確認他特殊的工作和職業，而且耐心地做，如果他想要成功。」**

詩人塞繆爾・泰勒・柯爾里奇是最應該聽從班傑明・富蘭克林勸告的人，他遺留給後代的詩大部分都是未完成的，他把自己的才華分散得太微細而浪費了。

他生活在一個不真實的夢幻世界裡，在他死後，查理・蘭姆寫信給朋友的時候說：「柯爾里奇死了，聽說他留下四萬多篇有關形而上學和神學的論文——沒有一篇是完成的！」只有聽從這個勸告的人，即只有行動有恆心的人，才可以發揮潛能，才可以成就偉業，才可以完成目標。行動要有恆心，這是開發潛能的重要因素，諾貝爾是深諳這一點的。

通向成功的唯一捷徑，就是在失敗中認真的學習。然而，誰可以想像，有一個人，死神在他事業的路上如影相隨，他卻矢志不移的走向成功。他就是家喻戶曉的諾貝爾獎金的奠基人——阿弗雷德・諾貝爾。

一八六四年九月三日，寂靜的斯德哥爾摩市郊，突然爆發出一陣震耳欲聾的巨響，滾滾的濃煙剎那間衝上天空，一股股火焰直往上竄。僅僅幾分鐘時間，一場慘禍發生了。驚恐的人們趕到出事現場的時候，原來屹立在這裡的一座工廠已經蕩然無存，無情的大火吞沒了一切。火場旁邊，站著一位三十多歲的年輕人，突如其來的慘禍和過大的刺激，已經使他面無人色，渾身不停的顫抖……這個大難不死的青年，就是後來聞名於世的阿弗雷德・諾貝爾。

諾貝爾眼睜睜的看著自己所創建的硝化甘油炸藥的實驗工廠化為灰燼。人們從瓦礫中找出五具屍體，其中一個是他正在大學讀書的小弟，另外四人也是和他朝夕相處的親密助手。

五具燒得焦爛的屍體，令人慘不忍睹。諾貝爾的母親得知小兒子慘死的噩耗，悲痛欲絕。年老的父親因為太受刺激而腦溢血，從此半身癱瘓。然而，諾貝爾在失敗和巨大的痛苦面前，卻沒有動搖。

慘案發生以後，員警當局立即封鎖現場，並且嚴禁諾貝爾恢復自己的工廠。人們像躲避瘟神一樣避開他，再也沒有人願意出租土地，讓他進行如此危險的實驗。困境沒有使諾貝爾退縮，幾天以後，人們發現，在遠離市區的馬拉侖湖上，出現一艘巨大的平底駁船，駁船上沒有裝什麼貨物，而是擺滿了各種設備，一個年輕人正在全神貫注的進行一項神秘的實驗。他就是在大爆炸中死裡逃生、被當地居民趕走的諾貝爾！

無畏的勇氣，往往令死神望而卻步。在令人心驚膽顫的實驗中，諾貝爾沒有連同他的駁船一起葬身魚腹，而是碰上意外的機會——他發明了雷管。雷管的發明是爆炸學上的一項重大突破，隨著當時許多歐洲國家工業化過程的加快，開礦山、修鐵路、鑿隧道、挖運河都需要炸藥。

於是，人們又開始親近諾貝爾。他把實驗室從船上搬遷到斯德哥爾摩附近的溫爾維特，正式建立第一座硝化甘油工廠。接著，他又在德國的漢堡等地建立炸藥公司。一時之間，諾貝爾生產的炸藥變成搶手貨，源源不斷的訂單從世界各地紛至遝來，諾貝爾的財富與日俱增。

然而，獲得成功的諾貝爾沒有擺脫災難。不幸的消息接連不斷的傳來：在舊金山，運載炸藥的火車因為震盪而發生爆炸，火車被炸得七零八落；德國一家著名工廠因為搬運硝化甘油時發生碰撞而爆炸，整個工廠和附近的房子變成一片廢墟；在巴拿馬，一艘滿載著硝化甘油的輪船，在大西洋的航行途中，因為顛簸而引起爆炸，整個輪船全部葬身大海……

一連串駭人聽聞的消息，再次使人們對諾貝爾望而生畏，甚至把他當成瘟神和災星，如果說前一次災難是小範圍，這次他遭受的就是世界性的詛咒和驅逐。

諾貝爾又一次被人們拋棄了，不，應該說是全世界的人都把自己應該承擔的那份災難給了他一個人。面對接踵而至的災難和困境，諾貝爾沒有一蹶不振，他所具有的毅力和恆心，使他對已經選定的目標義無反顧，永不退縮。在奮鬥的路上，他已經習慣與死神朝夕相伴。炸藥的威力曾是那樣不可一世，然而，無畏的勇氣和矢志不渝的恆心，激發出他心中的潛能，最終征服了炸藥，嚇退了死神。諾貝爾贏得巨大的成功，他一生共獲專利發明權三百五十五項。他用自己的巨額財富創立的諾貝爾獎，被國際視為一種崇高的榮譽。

諾貝爾成功的經歷告訴我們，恆心是實現目標過程中不可缺少的條件，恆心是發揮潛能的必要條件。恆心與追求結合之後，就會形成百折不撓的巨大力量。

沒有恆心做定點，事業的圓規就畫不出成功之圓。商業競爭經常是持久力的競爭，有恆心和毅力的經營者，往往成為笑在最後、笑得最甜的勝利者。只有不怕風吹雨打的揚帆前進，才可以觸摸到大海的脈搏，感受到大海的磅礴；不畏懸崖絕壁，堅持不懈的攀登，才可以領略山巔的燦爛勝景和絢麗風光。

木匠巴爾塔

幾乎人人都有追求，但是追求，絕對不只是對現狀的不滿與像海市蜃樓般的「理想」。

追求必須表現在具體的事業上，事業如果不具有進取心，一切都無從談起。

在成功者眼裡，失敗不只是挫折，失敗還是一次機會：它說明你還存在某種不足和欠缺。找到它，補上這個缺口，你就可以增長一些經驗、能力和智慧，就會離成功越來越近。世界上真正的失敗只有一種，那就是輕易放棄，缺乏進取。

在這個世界上，輕易放棄者比比皆是，因為他們不能像松下幸之助一樣有一顆進取之心，所以總是在困境中徘徊，進而不能拯救自己。

日本松下電器公司總裁松下幸之助，年輕的時候，家庭生活很貧困，必須靠他一個人養家。有一次，瘦弱矮小的松下幸之助到一家電器工廠找工作。他走進這家工廠的人事部，向一位負責人說明來意，請求他安排一個哪怕是最低賤的工作。

這位負責人看到松下幸之助衣著骯髒，又瘦又小，覺得很不理想，但是又不能直說，就隨便找了一個理由：我們現在暫時不缺人，你一個月以後再來看看吧！這本來是一個託辭，但是沒想到，一個月以後松下幸之助真的來了，那位負責人又推託說此刻有事，過幾天再說吧！隔了幾天，松下幸之助又來了。如此反覆多次，這位負責人乾脆說出真正的理由：「你這樣髒兮兮的，無法進入我們工廠。」於是，松下幸之助回去借了一些錢，買了一件整齊的衣服穿上，又回來工廠。這個人一看，實在沒有辦法，就告訴松下幸之助：「關於電器方面的知識，你知道得太少了，我們不能聘用你。」兩個月以後，松下幸之助再次來到這家工廠，說：「我已經學了不少有關電器方面的知識，你看我哪些方面還有問題，我再來加強。」

這位人事主管盯著他看了半天，說：「我做這一行幾十年了，第一次遇到像你這樣找工作的人，我真佩服你的耐心和韌性。」結果，松下幸之助的毅力打動了主管，他終於進入那家工廠。後來，松下幸之助又以其超人的努力，逐漸鍛鍊成為一個非凡的人物。

個人進取心，是你克服生存危機不可少的要素，它會使你進步，會使你受到注意，而且會給你帶來機會。在有些人看來，個人進取心可以創造機會。巴爾塔是一位木匠的學徒，他被派去建造衣櫥的時候，他的週薪只有一百美元。完工以後，巴爾塔看到他的客戶對可以善於利用空間以及他的製作品質而感到高興的時候，巴爾塔想到一個主意，他用從他第一位客戶那裡賺到的錢，開了一家衣櫥公司。

巴爾塔憑著當時深受歡迎的「將擁擠的衣櫥，變成可以有效利用的空間」的需求，在十二年內就擴大成為全美國擁有一百多家加盟店的大企業，也引起其他衣櫥製造業者一窩蜂跟進，巴爾塔就在一九八九年，將他的公司以一千二百萬美元的價格賣給威廉斯・索諾瑪。

巴爾塔可以作為一個木匠而感到滿足，但是他卻可以認清自己的能力，並且獲得遠超過其他學徒夢想的成功。

定出你明確的目標之時，就是你開始運用你個人進取心的時候，開始執行你克服危機的計畫，組織你的智囊團。儘管你會發現在執行克服危機的計畫過程中，你克服危機的目標會發生一些變化，但最重要的是，「立刻展開」你克服危機的計畫。

開始一項不甚完全的計畫，總比拖延行動好得多，「拖延」是你發揮個人進取心的大敵。如果你一開始的時候，就讓拖延變成一種習慣，它必將蔓延於日後你的每一項行動中。盡一切努力，使你的計畫付諸實現，並且從錯誤中學習經驗，不要理會說你的行動是自毀前程的人的話。卡內基決定將鋼鐵的單價，從每噸一百四十美元降到二十美元作為他進入鋼鐵業的目標時，曾經受到許多人的嘲笑。卡內基達到他的目標時，曾經嘲笑他的人連一毛錢都沒有賺到。

不要讓外在力量影響你的行動，雖然你必須對他人的驚訝和你面對的競爭做出反應，但是你必須每天以你的既定計畫為基礎，向前邁進。

每當你完成一件工作的時候，就應該做一番反省——這是你所能做到的最好的成績嗎？如何做得更好？何不現在就使自己更進一步？是否可以發揮個人進取心，應該視你對於每次機會的覺醒程度，以及你是否可以在發現機會時立即行動而定。

閃閃發光的珍珠，昨天也是相貌平平的砂粒。可見，對於一個追求成功的人而言，最重要的是自強不息的進取精神，而不是怨天尤人。

百萬美元圓桌英雄

拖延是人性的一種弱點，它不僅強大，而且令人討厭。如果你遇到糟糕的情況，總是說「我應該做它，但是為時已晚」，你的「拖延」所造成的失誤，不能歸咎於外在力量的影響，它是由你自己的因素造成的。

凡是應該做的事拖延而不立刻做，留待將來再做，有這種不良習慣的人，是弱者。有力量的人，是可以在一件事情新鮮以及充滿熱忱的時候就立刻做的人。人們最大的理想、最高的意境、最宏偉的憧憬，往往是在某一瞬間突然從頭腦中很有力的躍出來。

有一個獵人，準備帶著他的袋子、彈藥、獵槍、獵狗去打獵。雖然每個人都勸他在出發之前，先把彈藥裝在槍筒裡，但是他還是帶著空槍出發了。

「廢話！」他大喊，「我沒有打過獵嗎？我到那裡，得要一個鐘頭，就算我要裝一百次子彈，也有的是時間。」

命運之神彷彿在嘲笑他的想法，他還沒有走到目的地，就發現一群野鴨浮在水面上，獵人一槍就可以打中六、七隻，毫無疑問，足夠他吃一個禮拜，如果他出發時在槍筒內裝好子彈！

如今，他匆忙的裝著子彈，可是野鴨發出一聲叫喊，一起飛走了，高高的在樹林上方，排成長長的一列，很快就看不見了。

他徒然穿過曲折狹窄的小徑，在樹林裡搜索，樹林是一個荒涼的地方，他連一隻麻雀也沒有見到。

真糟糕，一樁不幸又引起另一樁不幸：霹靂一聲，大雨傾盆。獵人渾身都是雨水，袋子裡空空如也，只好拖著疲乏的腳步走回家。

每天都有每天的事。今天的事是新鮮的，與昨天的事不同，明天也有明天的事。所以，今日事今日畢。千萬不要拖到明天！

拖延的習慣會妨礙他人做事，過度慎重與缺乏自信都是做事的大忌。你對一件事情充滿興趣、熱情濃厚的時候去做，與你在興趣、熱情消失之後去做，其難易、苦樂，不知道相差多少！興趣、熱情濃厚的時候，做事是一種喜悅；興趣、熱情消失的時候，做事是一種痛苦。

擱著今天的事不做，而想留待明天去做，就在這種拖延中所耗去的時間、精力，也可以將那件事做好。

現在，要你學會「立即執行！」

有時候，立即執行的決定，可以使你最荒誕的夢想成為現實。它為曼里・史威茲開闢了一條道路，以下就是他的故事：

曼里・史威茲喜歡打獵和釣魚。他的美好生活的概念就是帶著魚竿和獵槍，走路八十公里，到森林裡，在那裡勞累一、兩天之後，再走回來，雖然全身污泥，但是他很愉快。

他對這種業餘活動所感到的唯一煩惱，就是他作為一位保險業務的業務員，花費的工作時間太多了。有一天，他極不樂意的離開他所喜愛的鱸魚湖，回到辦公室。這時，他產生一種不著邊際的想法：假定有一些人住在野外，但是這些人又需要保險。那麼，他就可以在野外進行工作。真的，曼里・史威茲發現了一群人：他們在野外從事修建阿拉斯加鐵路的工作，他們住在分散的工寮裡，綿延在八百公里長的鐵路旁。如果向這些人兜售保險，結果會怎麼樣呢？

曼里・史威茲想到這個主意的那一天，就制定了計畫。他請教一位旅行代理人，然後開始準備行李。他不中斷他的準備工作，以免懷疑悄悄的恐嚇他，要使他相信他的想法可能是輕率的、可能會失敗。為了使他的想法不因為有缺點而被擱置，他立即乘船到阿拉斯加的西沃德半島。

他在鐵路沿線往返了好多次，人們稱他為「徒步的史威茲」。他變成這些孤獨家庭所歡迎的人，他向他們推銷保險，也免費為人理髮，向那些只吃罐頭食品和火腿的單身漢教授烹飪方法。所有的時間，他都是做自然而來的事，也是做他想做的事：走遍群山、打獵、釣魚——如他所說，「過著史威茲式的生活！」

在壽險業務方面，有一種特殊榮譽的地位，保留給那些在一年中可以售出一百多萬美元業務的人，叫做「百萬美元圓桌英雄」。在曼里・史威茲的故事中，值得注意和令人難以相信的是，他前往阿拉斯加的荒野，走無人願意走的路，還做了百萬美元的業務。這一年，他在這種「圓桌英雄」中，取得自己的地位。

不著邊際的「想法」出現在他的腦海的時候，如果他猶豫而不用建功立業的秘訣，這些事情一件也不會成功。

「立即執行！」可以影響你各個方面的生活。它可以幫助你去做你不想做又必須做的事，同時也可以幫助你，正如幫助曼里・史威茲一樣，去做那些你想做的事。它可以幫助你抓住寶貴的時機——這些時機一旦失去，就不會再回來——就算只是打電話給你的一位朋友，告訴他，你很敬慕他。

記住，不管你成為什麼人或你是什麼人，如果以積極的心態行事，你都可以成為你想要成

為的那種人。

「立即執行！」是一句重要的促使自己克服危機的自我激勵語句。

一個人身體不好，應該就醫，拖延著不去就醫，以致病情嚴重，或竟不治，這樣的人也不少吧！

拖延的習慣，最會損害及減低人們做事的努力，如果你有這種習慣，要立刻改掉。

「頑固」的亨利・福特

躊躇不決，幾乎是每個人必須克服的共同敵人。

有人曾經將二萬五千位遭受失敗的男女加以分析，揭開一件事實，即：「躊躇不決」在失敗的三十一項重大的原因中，名列前茅。

亨利・福特最特異的性格之一，就是他有下決心迅速而改變緩慢的習慣。他的這種性格顯著到他被稱為「出名的頑固」。就是這種性格，驅使他繼續製造出名的T型汽車（世界上最醜的汽車），儘管他的全體顧問，以及很多買這種車的人，都極力勸其將它改型。

也許是福特拖延這種車的改型太久了，不過在必須改型之前，他的堅定決心卻為他賺得巨大的財富。福特先生決心堅定的習慣，已經到了固執的程度，但是這種性格，畢竟優於先猶豫不決而後改變快速的作風。

變通

不能聚積足夠錢財以供所需的人，大多數都容易受到別人意見的影響。他們讓報紙和多話的鄰居替他思考，但意見是世界上最便宜的貨品。每個人都有一大堆意見，準備貢獻給肯接受它的任何人。如果你做決定的時候，會受到別人意見的影響，你做任何事都無法成功。如果你會受到別人意見的影響，你就不會有自己的欲望。

你要自作主張，自己做出決定，並且付諸實行。除了你選擇的智囊團以外，任何人都不要相信，而且在你選擇智囊團的時候，要選擇與你的宗旨一致的人。

好朋友與親人儘管有時是無心的，但是也會用「意見」來阻礙你，有時用的是幽默的玩笑。成千上萬的男女，終生帶著自卑感，只是因為被懷著好意的無知人用「意見」或開玩笑，毀了他們的自信心。

你有自己的靈感與想法，用它們來做你自己的決定。如果你需要別人提供事實或資訊來幫助你做決定——可能很多時候會這樣——要悄悄地取得你需要的資訊，不要宣揚你的秘密。

人們的性格往往是：雖然只有一點淺薄的知識，但是也要給人造成他似乎有很多知識的印象。這種人有嘴巴，沒有耳朵。你要緊閉你的嘴，讓你的眼睛與耳朵張開——如果你想養成立即下定決心的習慣。話講得太多的人，是很少做事情的。如果你說話多於聽話，你不僅會失去很多收集有用知識的機會，並且會曝露你的計畫與意向，使其他人高興的將你擊敗——因為他們嫉妒你。也要記住，每次你在一位知識豐富的人面前說話，你就是向他曝露自己知識的豐富，或是它的匱乏！高度的智慧，往往表現為謙遜與緘默。

再記住一件事實：你交往的每個人，都像你自己一樣，在尋求發財的機會。如果你隨便曝露你的計畫，你就會發覺，有些人會用你說出的計畫，比你提前付諸實施，而在你自己的目標上打敗你。

可以立刻做出決定，又確切知道他要的是什麼的人，都可以得到他所要的事物。世界各國的領袖，都可以迅速而堅定的下決心，這就是他們之所以成為領袖的主要原因。這個世界習慣於空出位置，給予言行都明白表示他知道應該往何處的人。

躊躇不決往往是人年輕時就開始的習慣。由小學到中學，甚至到了大學，還沒有一定的意向的時候，此種習慣就會成為永久性的。

缺乏決心是失敗的主要原因。每個人都有他的意見，不過最後是你的意見決定自己的一切。下定的決心，會使它自己切合異常特殊的環境。躊躇不決往往在年輕時候就開始，你應該避免它，並且幫助別人避免它。被壞習慣束縛的人，永遠無法從事創造性的工作，又怎麼能達到理想之巔。無論做什麼事情，都不要讓躊躇不決的壞習慣阻礙自己的發展，要下定決心立刻行動。

懶惰——惡劣而卑鄙的精神負擔

惰性是人類可怕的敵人，它不僅使人屈從於失敗的羞辱，更使人沉湎於成功的虛假，對於一個社會來說，惰性意味著沒有創造力，沒有新思想，平庸乏味和停滯不前。

無論是王侯、貴族、君主，還是普通人，都具有這個特點，人們總是想盡力享受工作成果，卻不願意從事艱苦的工作。懶惰、好逸惡勞的本性是如此的根深蒂固、普遍存在，以至於人們被這種本性所驅使，往往不惜毀滅其他的民族，乃至整個社會。為了維持社會的和諧、統一，往往需要一種強制力量來迫使人們克服懶惰這個習性，不斷的工作。因此就產生專制政府，英國哲學家穆勒就是這樣認為。

無論是對個人還是對民族而言，懶惰都是一種墮落的、具有毀滅性的東西。一旦產生惰性並且任由它發展，庸俗、無知、愚蠢、怯懦就會結伴而來，人的一切美德，又會隨著它們的到來而喪失殆盡。

因此，生性懶惰的人，不可能在社會生活中，成為一個成功者，他們永遠是失敗者，成功只會光顧那些辛勤工作的人們。懶惰是一種惡劣而卑鄙的精神負擔，人們一旦背上懶惰這個包袱，就會整天怨天尤人，精神沮喪、無所事事，這種人是無用之人。

亞歷山大征服波斯人之後，他有幸目睹這個民族的生活方式。亞歷山大注意到，波斯人的生活十分腐朽，他們厭惡辛苦的工作，卻只想舒適的享受一切。**亞歷山大不禁感慨：「沒有什麼東西比懶惰和貪圖享受更容易使一個民族奴顏婢膝，也沒有什麼東西比辛勤工作的人們更高尚。」**

有一位外國人遊歷世界各地，見識十分豐富。他對生活在不同地位、不同國家的人，有相當深刻的瞭解，有人問他不同民族的最大的共同性是什麼，或是最大的特點是什麼的時候，這位外國人回答：「好逸惡勞是人類最大的特點。」

遊手好閒、不肯吃苦耐勞的人，總是有各種藉口，他們不願意好好的工作，卻經常想出各種理由為自己辯解。

確實，一心想擁有某種東西，卻害怕或不敢或不願意付出相應的努力，這是懦夫的表現。無論是多麼美好的東西，人們只有付出相應的努力和汗水，才會懂得這美好的東西是多麼的來之不易，才會更珍惜它，才可以從這種「擁有」中，享受到快樂和幸福，這是一項萬古不易的原則。即使是一份悠閒，如果不是透過自己的努力而得來，這份悠閒就不甜美。不是用自己勞動和汗水換來的東西，你沒有為它付出代價，就不配享用它。

在現實生活中，無論一個人處在什麼社會階層，他具有什麼地位和身分，都必須或是有義務去努力工作。無論是窮人還是富人、達官顯要還是普通市民都必須各司其職、各盡其力、各盡所能，為社會做出自己的應該盡的貢獻。但是有些人卻偏偏會這樣做——白吃白喝一輩子，從來沒有為社會做出自己的貢獻。

懶散只會使生命變成片片凋零的黃葉，然後隨著時間的流失漂走。年輕時以「來日方長」自慰，年老時以「為時已晚」自棄，剩下來的還有什麼呢？只有一個無所作為的蒼白人生。所以，千萬不要讓懶惰拖住你前進的腳步。

沒有十全十美

順利和困難結伴，失敗和成功為鄰。偉人之所以偉大，關鍵在於，他與別人共處逆境的時候，別人失去理智，一味抱怨命運的不公，他卻下決心實現自己的目標。

世界上確實有很多不公平的事，有很多值得埋怨的事。但是，如果我們回過頭來想想，世界上根本不可能會有十全十美。如果我們一味追求完美，抱怨社會，抱怨他人，如果我們一定要等到所有條件都完美以後才開始行動，只好永遠等下去。

有些人為什麼一輩子都做不了一件事情，原因正在於此。相反的，有些人也對自己的現狀不滿，但是他卻採取行動，力求改變現狀而不是埋怨。結果，行動者成功了，埋怨者依舊一事無成。

成功的人物，不是在問題發生以前，先把它全部消除，而是發生問題的時候，有勇氣克服

種種困難。我們對於一件事情的完美要求必須折衷，才不會陷入行動之前永遠等待的泥沼中。

我們決定一件大事的時候，心裡一定會很矛盾，都會面對到底要不要做的困擾。

但是你要知道，積極的行動，即使百分之一的希望，也有可能變成現實；消極的等待，即使有百分之九十九的把握，也會落空。

傑米是一個普通的年輕人，大約二十幾歲，有太太和小孩，收入不多。

他們全家住在一間小公寓裡，夫婦兩人都渴望有自己的房子。他們希望有較大的活動空間、比較乾淨的環境、小孩有地方玩。

買房子的確很困難，必須有錢支付分期付款的頭期款。有一天，當他簽下個月的房租支票的時候，突然很不耐煩，因為房租跟新房子每個月的分期付款差不多。

傑米跟太太說：「下個禮拜，我們去買一間新房子，你覺得怎麼樣？」

「你怎麼突然想到這個？」她問，「開玩笑！我們哪有能力！可能連頭款都付不起！」

但是他已經下定決心：「跟我們一樣想買一間新房子的夫婦大約有幾十萬人，其中只有一半可以如願以償，一定是有什麼事情使他們打消這個念頭。我們一定要想辦法買一間房子，雖然我現在還不知道怎麼湊錢，可是一定要想辦法。」

下個禮拜他們真的找到一間兩個人都喜歡的房子，頭期款是一千二百美元。他知道無法從銀行借到這筆錢，因為這樣會妨害他的信用，使他無法獲得一項關於銷售款項的抵押借款。

皇天不負有心人，他突然有了一個靈感，為什麼不直接找包銷商談，向他借錢呢？他真的這麼做。包銷商起先很冷淡，由於傑米一再堅持，他終於同意了。他同意傑米把一千二百美元的借款，按月償還一百美元，利息另外計算。

現在他要做的是，每個月湊出一百美元。夫婦兩個想盡辦法，一個月可以省下二十五美元，還有七十五美元要另外設法籌措。

這時，傑米又想到另一個辦法。第二天早上，他直接跟老闆說這件事，他的老闆很高興他要買房子。

傑米說：「老闆，你看，為了買房子，我每個月要多賺七十五元。我知道，你認為我值得加薪的時候，一定會加薪，可是我現在很想多賺一點錢；公司的某些事情可能在週末做更好，你能不能答應我在週末加班呢？有沒有這個可能呢？」

老闆對於他的誠懇和雄心非常感動，真的找出許多事情讓他在週末工作十小時，他們因此高興的搬進新房子。

這個實例可以歸納為三點：

■傑米的決心燃起靈感的火花，因而想出各種辦法來實現他的心願，而不是妒忌那些住進新房的人。

■由此，他的信心大增，下一次決定什麼大事的時候，將會更容易、更順手。

■他提高家人的生活水準。如果一直拖延，直到所有的問題都解決的解決，很可能永遠買不起房子。

讓我們再來認識另一位先生。席第先生代表另一種類型，他不滿現狀，但是他一定要等到萬事俱備以後才去做，結果……

第二次世界大戰之後不久，席第先生進入美國郵政局的海關工作。他很喜歡他的工作，但是五年之後，他對於工作上的種種限制、固定呆板的上下班時間、微薄的薪水，以及靠年資升遷的死板人事制度（這使他升遷的機會很小），越來越不滿。

他突然靈機一動。他已經學到許多貿易商應該具備的專業知識，這是他在海關工作耳濡目染的結果。為什麼不早一點跳出來，自己做禮品玩具的生意呢？他認識許多貿易商，他們對這一行許多細節的瞭解，不見得比他多。

自從他想創業以來，已經過了十年，直到面臨退休之際，他依然規規矩矩的在海關上班。

為什麼呢？因為每一次他準備放手一搏的時候，總有一些意外事件使他停止。例如，資金不夠、經濟不景氣、小孩的誕生、對海關工作的留戀、貿易條款的種種限制，以及許多數不完的藉口，這些都是他一直拖延的理由。

不要想等到萬事俱備才著手行動，只有在逆境中前進，才會為自己闖出新路。

事半功倍的秘訣

對於做同一件事，不同的人在相同的時間裡，產生的效果也會有所不同。有些人可以達到事半功倍的效果，有些人卻事倍功半。產生這種現象的原因有許多方面，除了與你做事的方法有關以外，還與其他因素有關。

溫傑特睜開了眼睛，才清晨五點鐘，他就已經精神飽滿、充滿活力。另一方面，他的太太卻把棉被拉高，將臉埋在枕頭下。

溫傑特說：「過去十五年來，我們倆簡直幾乎沒有同時起床。」

像溫傑特夫婦這樣的情況並非少見。我們的身體像一個時鐘一樣，複雜的操作，而且每個人的運轉速度也像時鐘一樣，彼此略有不同。溫傑特是一個上午型的人，他的太太卻要到入夜以後精神最好。

長久以來，行為學家一直認為導致這種差別的原因，是個人的怪癖或早年養成的習慣。直到一九五〇年代後期，醫生兼生物學家霍爾堡提出一項稱為「時間生物學」的理論，此一見解才受到挑戰。

霍爾堡醫生在哈佛大學實驗室中，發現某些血液細胞的數目並非整天一樣，視它們從體內抽出的時間不同而定，但是這些變化是可以預測的。細胞的數目會在一天中的某個時間比較高，而在十二小時之後比較低。他還發現心臟、新陳代謝率和體溫，也有同樣的規律。

霍爾堡的解釋是，我們體內的各個系統，並非永遠穩定而無變化的運作，而是有一個週期。有時會加速，有時會減慢。我們每天只有一段有限的時間，是處於效率達到巔峰狀態。霍爾堡把這些身體節奏，稱為「生理節奏」。

時間生物學的主要研究工作，現在全部由美國太空總署主持，溫傑特就是該署的一位生理學家，亦是一位生理節奏學權威。他說，在大多數太空穿梭飛行中，制定太空人的工作程序表的時候，都應用了生理節奏的原理。

這項太空時代的研究工作，有許多成果可以在地球上採用。

例如，時間生物學家可以告訴你，什麼時候進食可以使體重不增反減，一天中哪段時間你最有能力應付最艱苦的挑戰，什麼時候你忍受疼痛的能力最強而適宜看牙醫，什麼時候做運動可以收到最大效果。

人體效率的一項生物學法則是：想要事半功倍，必須將你的活動要求和你的生物能力配合。

成功講座 397

變通

就是換一個角度看問題

海鴿文化出版圖書有限公司
Seadove Publishing Company Ltd.

作者　李浩然
美術構成　騾賴耙工作室
封面設計　九角文化/設計
發行人　羅清維
企劃執行　張緯倫、林義傑
責任行政　陳淑貞

出版　海鴿文化出版圖書有限公司
出版登記　行政院新聞局局版北市業字第780號
發行部　台北市信義區林口街54-4號1樓
電話　02-2727-3008
傳真　02-2727-0603
E-mail　seadove.book@msa.hinet.net

總經銷　創智文化有限公司
住址　新北市土城區忠承路89號6樓
電話　02-2268-3489
傳真　02-2269-6560
網址　www.booknews.com.tw

香港總經銷　和平圖書有限公司
住址　香港柴灣嘉業街12號百樂門大廈17樓
電話　（852）2804-6687
傳真　（852）2804-6409

CVS總代理　美璟文化有限公司
電話　02-2723-9968
E-mail　net@uth.com.tw

出版日期　2023年10月01日　二版一刷
　　　　　2023年11月15日　二版五刷
定價　320元
郵政劃撥　18989626　戶名：海鴿文化出版圖書有限公司

國家圖書館出版品預行編目（CIP）資料

變通，就是換一個角度看問題 ／ 李浩然作.
-- 二版. -- 臺北市 ： 海鴿文化，2023.09
面 ； 公分. --（成功講座；397）
ISBN 978-986-392-500-2（平裝）

1. 成功法

177.2　　112012634